燕园拾尘

北大生命成长手记

王曙光 著

北京大学出版社
PEKING UNIVERSITY PRESS

图书在版编目（CIP）数据

燕园拾尘：北大生命成长手记 / 王曙光著. — 北京：北京大学出版社，2017.3
（燕园四记）
ISBN 978-7-301-27530-6

Ⅰ. ①燕… Ⅱ. ①王… Ⅲ. ①散文集－中国－当代 Ⅳ. ①I267

中国版本图书馆CIP数据核字(2016)第219514号

书　　　名	燕园拾尘：北大生命成长手记 Yanyuan Shichen
著作责任者	王曙光 著
责 任 编 辑	于铁红　周彬
标 准 书 号	ISBN 978-7-301-27530-6
出 版 发 行	北京大学出版社
地　　　址	北京市海淀区成府路205号　100871
网　　　址	http://www.pup.cn　新浪微博：@北京大学出版社 @培文图书
电 子 信 箱	pkupw@qq.com
电　　　话	邮购部 62752015　发行部 62750672　编辑部 62750883
印 刷 者	三河市国新印装有限公司
经 销 者	新华书店
	787毫米×1092毫米　32开本　8.5印张　150千字 2017年3月第1版　2017年3月第1次印刷
定　　　价	47.00元

未经许可，不得以任何方式复制或抄袭本书之部分或全部内容。
版权所有，侵权必究
举报电话：010-62752024　电子信箱：fd@pup.pku.edu.cn
图书如有印装质量问题，请与出版部联系，电话：010-62756370

作者献辞

  重新梳理这些陈年旧文,不是为了怀旧,不是关于个人身世的低吟浅唱,而是为了献给那些与我有着同样精神和情感历程的心灵,慰藉那些以同样郑重、诚挚、真纯的灵魂面对生命的更为年轻的一代。

  尘世是唯一的天堂,我们源于尘土,仍将归于尘土,我们充满尊严和爱,在这尘世中栖居,咏唱并惊诧于来自生命深处的明澈而丰满的诗意,生存的骄傲、幸福和充盈,以及命运本身所蕴含的神秘而庄穆的节奏。

目 录

序 / 001

寂寞而勇敢地担当生命 / 019
　　——读里尔克《给一个青年诗人的十封信》

千代野的木桶 / 025
　　——论丧失与解悟

卓然不群的另类姿态 / 030

以出世的精神做入世的事业 / 038

倾听生命里永久的黎明 / 049
　　——读梭罗《瓦尔登湖》

隐忍、舍弃与征服："用痛苦换来的欢乐" / 058
　　——读《贝多芬传》

不完美的现实与完美的实现 / 067

自省和感知：创造内心的秩序 / 073

生存的从容与悲剧性的陶醉 / 079

爱：虔敬而沉静地等待 / 085

爱与欲：一种诗化哲学的观照 / 092

　　——读奥·帕斯《双重火焰》

诗人之梦：论诗歌与梦想 / 099

　　——再读里尔克《给一个青年诗人的十封信》

从容的坚守与高贵的疏离 / 106

炼狱和再生 / 110

在大众的信条下呼吸自如 / 115

在自己的精神领地里做酋长 / 123

　　——《精神自治》读后

心灵的成长与壮大是生命的源泉与归宿 / 132

内心宁静与幸福的奥秘 / 135

爱你的寂寞，珍惜默思的时光 / 139

永远领受和体味广大的生活 / 143

遥远的生命感召 / 146

眼泪让爱更加深沉清澈 / 151

只有爱才能烛照人生 / 155

爱为对方开启更为广大的世界 / 159

用一切内心的努力去学习爱 / 162

泪与笑的边缘 / 166
  ——论爱六札

生死之歌 / 194

生命与死亡的听课笔记 / 208
  ——读《最后十四堂星期二的课》的札记

追随勇敢而卓绝的心灵 / 224

生命的中和之美 / 228

为学的三个境界 / 232

回归简朴生活 / 238

涵养须用敬 / 246

后记 / 255

序

一

夜里捧读《拾尘》,倒像是在看另一个灵魂的独白,看另外一个生命的成长日记。遥远的记忆纷至沓来。二十年的岁月仿佛在一瞬间回放。

这是一些久违了的文字!虽然或许浅稚,却是诚恳、朴素而没有矫饰。前人有言:"愧赧对少作"。然而,当我在深夜摩挲这些散发着少年情怀的激扬文字,却并不惭愧羞赧。因为那是一个人生命中最真诚无伪的内心独白。有何羞愧?

《拾尘》大部分篇什写于1990至2000年间。第1版出版于2001年7月,第2版出版于2006年9月。初版10余年以来,这些独白式的心灵自述获得了很多美好的回应,这是我感到幸运又惶恐的。幸运的是我获得了这么多宝贵的同道者,惶恐的是唯恐自己会辜负这些心灵上的密友与同道。

一个陌生的朋友在博客留言:"拜读先生的《燕园拾尘》,十年了。在我心灵遭受困扰的时刻,有幸这本书给过我莫大抚慰。感谢先生。"一个年轻朋友在电子邮件里说:"前两天我在朋友的床上发现了《燕园拾尘》,翻了几页,很喜欢,便向他借了回去看,在温暖的黄色灯光下,我轻轻地翻动着书页,细细体味其中含义隽永的语句,有时得到共鸣,潮湿了眼睛。我很感谢您写了这本书。"

读到这些温暖的回应,我一直觉得,写作者与读者,实质上就是精神上的兄弟。我们并肩走在旅途上,彼此扶携,彼此鼓舞,彼此砥砺,也相互警醒,相互批判。一本书,在无数心灵之间辗转流布,就是一群精神上的同道者跨越时空的喊话。一本书的命运此时远远超越了一个人的命运。

一千年前,陈子昂登上高处,抚今追昔,感慨万千。"前不见古人,后不见来者,念天地之悠悠,独怆然而涕下。"然而,通过文字,诗人可以穿越时空,既与古人同游,又润泽与启迪后来者。虽天地悠悠,逝者如斯,然而人生代代无穷,他们隔着遥远的时空相互呼应,相互唱和,相互瞩望,相互致意,又有何叹!

二

这本小册子所探求的,是永远的成长主题。一个人,应该永远在成长,永远在路上,永远追寻和探求自己的内心,永远对生命怀着深沉的敬意、温情的盼望,永远坚定地站在大地上咏唱。

每一段生命都不可复制,都有自己独特的价值;每一段生命都有自己的精彩,都值得我们珍重和怀念。然而从人类的漫长历史来看,人生又何其相似!所有的人类,在共同的年龄,面临共同的生命遭遇、共同的困惑和梦想、共同的挣扎和向往。

这本小册子是献给过去和未来所有经历成长、正在成长和必将成长的心灵的。成长是艰辛的,但又是我们必须经受的。我们必须承担所有的生活,这些生活或许是苦难的,或许是琐屑的,或许是喧嚣的,或许是庸常的,但我们永远不要失去追寻生命诗意的努力。我们要像水一样能适应每一种境遇，但也要学会超越自我的生活，要学会时时以更高的造物者的眼光来审视我们的生活，从而使自己的尘俗的生命变得具有某种超越性和诗意。

在这个功利的喧嚣的世界中，年轻的心灵面临着致命的挑战、诱惑和渗透。我们要学会以强大的内心去面对。"不沮丧，不嘲笑，不反叛，不做作，不乡愿，不自欺，不苟且，不冷漠，不抱怨，不焦躁，不急迫，不拒斥，不彷徨，不绝望，不放弃，不回避，不厌倦，永远热爱生命，永远接纳和祝福这个并不完美的世界，永远领受和体味广大的生活，永远印证造物者的荣耀与生的尊严。"

三

我们很容易被俗尘所裹挟以至于盲从，被潮流所浸泡以至于妥协，被功利所蒙蔽以至于变质。一旦忘记了成长，就意味着精神上的萎缩与毁灭。

我们要警醒的是，不要自恋式地执着于追忆自己的琐屑过往，而要以一种清醒的批判精神，反省自己的思想、心灵和行动，在生命的砧铁上不断锤炼自己，在生命的长河里持续不懈地淘洗自己的灵魂，使生命在任何一个阶段都有所精进，有所收获。

我们还要警醒自己，不要囿于一己的悲欢得失，而要有更广大的关怀，在更开阔、更广远的世界里安置自己的心灵；此时我们才能不以一己的微小成就而沾沾自喜，也不以自己的琐屑挫折而失意彷徨。你被一种更高远的力量和声音所吸引所召唤，世界的繁华在你的眼里退缩了，而另一个世界变得更加光明而广大。

你要衷心地热爱土地和人民，坚定而诚挚地与之融合，从他们身上汲取力量、智慧、韧性和盼望。你的小我要不断地拓展疆域，使之变得更辽阔，更有关怀，你的心灵更与大我相连接。

生命犹如长河，它不断在前行，不断在前行中融汇和汲取不同的养分；它穿越无数艰难困苦，经历无数峡谷险滩，而没有改变其激情，不改其初衷，因为它自信它的归宿是沧海。大浪淘沙，它在成长的历程中淘洗掉无数沙砾和渣滓，它丝毫不在意遭遇的逆境，也不留恋于周围的美妙风景，一往无前，从而充满了方向感、包容力与使命感。

经受了这样的淬炼，我们才会"以从容的心态，臻至一种澄明的境地,成就一种宽宏、精进、沉静的襟怀"。

四

二十多年来,我有幸生活在燕园。在燕园,我得以有机会与高贵的心灵对话。我从他们身上汲取无数精神的力量,被他们理想的光亮所温暖所指引,也被他们的担当、他们在追寻真理的过程中所表现出来的勇气所鼓舞。他们身上深厚的学术修养、深远的人文关怀、深刻的自我反省与批判精神给予我的激励和省悟,是难以言说的。隔着遥远的时空,我体会他们的心灵与成长,获得了很多宝贵的启示。我盼望,经由《拾尘》这本小册子,这些启示能够传达给更年轻的心灵。

二零一一年二月二日除夕之夜,在自己即将跨进四十岁的时候,看着窗外节日的焰火,我涂了一首《四十述怀作古风二百字》:

> 四十曰不惑,知命焉彷徨。
> 忆昔弱冠时,远游赴异乡。

十载栖燕园，未负好韶光。
谨奉尊长诲，经世酬家邦。
少年意气在，坐看云飞扬。
忆昔而立年，多舛频心伤。
磨折宜砺剑，患难转雄强。
浴火而涅槃，重生悟大象。
舍予方弘廓，我土日已广。
登高挥浮云，荡胸洗俗肠。
抱朴且守真，轩冕非所望。
特立任独行，时人讥狷狂。
岂知图南志，扶摇击沧浪。
勿为时流蔽，慎撄荣名缰。
心岂由物役，无羁得所畅。
淡定对誉毁，忍辱放眼量。
动静不失时，守拙辨行藏。
自古任重者，途远须毅刚。
精进修德业，绝学述圣往。
夙志在乡土，信道笃行长。

这首诗算是我二十年来蜗居燕园的心灵缩影。二零

一四年一月三十日农历除夕,《燕园拾尘》第三版订毕,又涂了四句:

> 廿载蹉跎漫拾尘,
> 燕园岁岁杨柳新。
> 逝者如斯堪入梦,
> 无双毕竟是青春。

献给你们,献给我精神上的兄弟们。

二零一四年二月一日晨于善渊堂

附1：

第一版序

一

沉闷冷寂的冬天终于过去了，在千禧年的春天，阳光显得格外温暖而明媚。而我也许忽略了这样一个事实：每当未名湖上冰雪融化万物苏生的时候，其实每一个春季都是如此蓬勃而绚烂的。在未名湖北岸的《北大校刊》编辑部里，再一次与旧友良师品茗对谈海阔天空，我在内心里感激着这种久违的默契与宁静。也就是在这个春天，我为校刊开设的随笔专栏《燕园拾尘录》问世了。

这是关于一个心灵成长的记录。十年，从稚嫩敏感而略带忧伤的少年，一直到登上北大的讲台，这是一段漫长的行旅。成长自然并不全是莺歌燕舞风花雪月，因而文字也就难免显得有些沉重，不如眼下的流行小品来得轻松悦目。但是我没有想到这些以极其郑重的笔调写就因而略显謇涩的文字会在校园中引起如此广泛的反响。许多朋友打电话与我倾谈阅读后的感受，有学生告诉我，他们收藏了《燕园拾尘录》中的每一篇文章，有时甚至乘兴在宿舍里朗诵其中的某些篇什。尤其当这些文章在北大网页上出现之后，更得到一些不熟识的朋友的关注。一个写作者能够赢取阅读者的共鸣是幸福的，对于我而言，这种纯属独白式的个人化写作能获得这么多朋友的赞许与激励更是值得庆幸。对于这些宝贵的鼓舞我总是心怀感激，同时我也深深感到，在北大，在北大之外，对于许多正处于青春沼泽的迷茫而敏感的心灵而言，及时的沟通与深切的抚慰是何等重要。

  正是在这种想法的鼓舞之下，我才尝试将进入北大以来零散写下的东西整理若干，以这些在寂寞里写就的粗疏的文字奉献给相识不相识的朋友。正如我在专栏《燕园拾尘录》的开篇语里所说的：

> 重新梳理这些陈年旧文，不是为了怀旧，不是关于个人身世的低吟浅唱，而是为了献给那些

与我有着同样精神和情感历程的心灵，鼓舞和慰藉那些以同样郑重、诚挚、真纯的灵魂面对生命的更为年轻的一代。尘世是唯一的天堂，我们源于尘土，仍将归于尘土，我们充满尊严和爱，在这尘世中栖居，咏唱并惊诧于来自生命深处的明澈而丰满的诗意，生存的骄傲、幸福和充盈，以及命运本身所蕴含的神秘而庄穆的节奏。

二

许多年来，我惯于在深夜写作。独自坐在蜗庐之中，灯影清幽，心迹清平。在这样的岑寂里，于阅读和写作的间暇，偶有尘封已久的琐屑往事宛如惊鸿一瞥，在眼前明灭显现：那些充满感伤意味的值得感念的华年岁月，那些在生命里以青春的歌与哭所镌刻的深刻的印痕，那些蕴含着一个灵魂成长的甜蜜与苦痛、激情与绝望、信仰与质疑的宝贵的年华，一叶叶在内心的深处重新奇迹般地展开，此际的心境，既是一种幽渺、沉静、带着紫荆花一样淡淡的忧伤的怀想，又是一种艰难的检视，一种深切的梳理，一种包裹着凭吊与珍爱双重情结的告别。

屈指算来,在北大燕园这个幽雅的散发着浓郁的诗歌气息的园子里,我已经呼吸奔走了近十个春秋。在这里,一个懵懂的不谙世事的少年,满怀着许多的梦想和诗情,不知疲倦地探寻着自己的内心,也探寻着周遭的世界。生命一天天地丰满成熟,信仰一天天地坚实壮大,北大在我的心目中,其意义犹如乡土。她身上所洋溢出来的精神的魅力,她的自由、宽容而廓大的胸怀,她的诗人一样高贵古典的气象,给予身在其中的每一个年轻的学子以潜移默化的影响和深远的熏陶。对于北大,我不能不怀着深深的感激,学于斯,长于斯,歌于斯,哭于斯,我在这里挥送了我全部的少年岁月,在湖光塔影荷塘幽径之间,缠绕着我怀恋的丝缕,铭记着我所有的青春季节的幸福与苦难。

三

北大是有着特殊气质的一间学府,那是一种难以描摹却无处不在的氛围,居于其间耳濡目染久了,不觉与之同化。每当凤凰花开时节,行将毕业的学子们在狂躁、彷徨、放纵、感伤和憧憬相混杂的心态里度过他们在这个园子里的最后的"自由贵族"的时光。而这个校园的魅力和与众不同之处在于,她让未入其中的人无限向往地幻想她的浪漫与博大,让身置其中的人酣畅淋漓地享用她的自由、丰富与幽雅,又让离她而去的人永远满怀深情地、如同遥对故土一样地怀念回想流连惆怅。虽说是"天下没有不散的筵席",可是每想到无数少男少女们在这如梦的燕园里抛掷过他们最宝贵、最瑰丽、最值得铭念、最多理想与梦幻的青春韶华,而此时又行将离去,仿佛与过去浪漫自由的美好岁月作一永久的告别,其中所包含的依恋、追怀和感伤的意味仍让人唏嘘叹息不已。

我想起以前,到毕业时节,大讲堂前面柿子林的浓荫下,总是有几日挂满各式的旧衣物,地上是杂乱的旧书。那些女孩子们,静悄悄地坐在柿子树下,看着树间悬着的旧衣裙,我想她们此刻脑中必是掠过了不知多少旧事的碎影!也许她曾穿着它与男友牵手徜徉在未名湖南岸的草径上,也许她曾穿着它与好友在大草坪上沐浴着清明的月色弹琴轻歌——这些永逝不返的时光给我们多少曼妙却是忧伤的回味!遥想毕业前夕,有一回朋友们在老虎洞胡同朝鲜餐馆喝酒,彻夜不眠,且醉且歌,毫无倦意,我相信这一生也不会再有那样全心投入的歌唱！拂晓的时候，我们在静园里的石凳上坐着。此时大地寂然无声，这些少年坐在结满浓密的青苹果和青杏的果园之中，等待灰白的东方的日出。现在，大讲堂前的柿子林没有了，老虎洞的朝鲜餐馆不见了踪影，静园的果林已经只能在记忆之中寻找了，可是我却一直不能忘记那个早晨！那个散发着淡淡的少年的忧伤、青春成长的迷茫和陶醉气味的早晨！

四

北大是一个青春密集的地方，可是每一个青春的成长却无一例外地包含着一对让人无奈的悖论：她既意味着收获与凯旋，也意味着丧失与苦难；既意味着自信与朝气，也意味着迷茫与感伤。同时，成长又是一个自我反省的过程，我们总是从一次次的反省中获得宝贵的启示，坚定存在的勇气。一个时时感受到自己内心成长的人是幸福的，只有精神凡庸、心灵僵滞的人才会对自己内心的一切生动而丰富的开展无动于衷。从这个意义上，我欣赏苏格拉底所说的："未经省察的人生没有价值。"

正是在对于自我的观照和反省中，我们成长着。我回忆起十年前的深夜，一个懵懂而蓬勃的少年，一个人背着行李第一次跨进北大南门时那种忐忑和兴奋交织的心情；我想起新年的钟声，与朋友穿越冰冻的未名湖在一片欢声呼喊之中虔诚祷告；想起许多被激情所鼓动的不眠的夜，室友们为了上至天文地理治国平天下、下至鸡毛蒜皮无聊闺中事而争得面红耳赤天翻地覆；我也想起一个人在红湖颓旧的木亭上吹笛，那个考研的夏天，燕园里野草疯长，暴雨狂风折断了博雅塔西侧高大的树木；我想起那个冷寂的冬天，一场心灵的暴雨狂风摇撼着我的信仰，长期的失眠使我经受着前所未有的炼狱——这是青春成长所必须经历的风雨！青春只有一次，那些岁月，以各种不同的方式镌刻在我们每一个人的生命历程中；从一个北大新生到留校任教，十年的时光，宛如一瞬，其间偶或获得一些微不足道的感悟，如同捡拾到一粒微尘，虽自知浅陋卑微，却希望借此与朋友们分享其中的快意与伤痛。"文章千古事，得失寸心知"，这是我对于这本小书想说的话。

二零零零年八月十五日夜于燕园

附2：

第二版序

我为什么写作？这是一个我常常追问自己的问题。

从某种意义上来说，写作是没有意义的，有意义的永远只是生活本身。只有虔敬地爱着生活的人，才会有丰盈的宝贵的思想，而有没有写作，则是次要的事情。写作只是一个真诚地生活着的人面对生命的吟唱，是对自我生命历程的深切的反省。苏格拉底说：未经反省的人生没有意义。他道出了一切写作甚至一切言说的终极目的。

我不是作家，也从来没有自诩为作家。我只是一个自我心灵成长的忠实记录者。《拾尘》是一个跋涉在人生之路上的年轻心灵的真诚独白和反思，从初衷而言，这些文字不是展示给大众的流行读物。值得庆幸的是，这些并不悦人耳目的文字获得了许多心灵的共鸣。作为一个写作者，我的感恩的心情是无法言表的。

也许同样值得庆幸的是我选择了一个学者的职业，并同时有幸生活在燕园这样一个自由宽松的氛围之中，这使我得以在经济学研究之余，可以偶尔偷闲延续我的写作生涯。在我看来，经济学的工作致力于外部世界的均衡发展，而心灵的工作则致力于内在世界的和谐成长；经济学的工作塑造我们的理性生命，而心灵的工作则成就我们的信仰空间。在这双重生活中，内在和外在相辅相成，理性与信仰都不可或缺。而我始终认为，一个在自己的专业领域内谨严肃穆的学者，倘若没有一种温润的类似于艺术家的心境去滋养，迟早会变得心灵枯萎，生命干涩。

在给一个朋友的信中，我写道："留在燕园忝为人师，自当收拾起游吟诗人和不羁浪子的情怀，一心一意做个正襟危坐为人师表的教书匠。从此左手涂散文随笔，右手撰经济文章，两栖动物，从容游走，其间甘苦得失，自不足为外人道也。"

《拾尘》再版，以上的话，权作序。

二零零五年八月六日深夜

寂寞而勇敢地担当生命

——读里尔克《给一个青年诗人的十封信》

成长与寂寞,仿佛是一株青春的树上所结的两个果实,寂寞始终伴随着成长,使成长得以在一种静穆、简洁、自省的状态下悄悄地扩展,不知不觉地壮大。寂寞是一种必须的代价,不经痛苦的救赎是肤浅的,不经坎坷的行旅是乏味的。正是在寂寞的催生之下,成长才会不依赖于外界世俗的压迫而得以自由地发生。但是成长又谈何容易!一个处于青春期的灵魂,脆弱,敏感,懵懂;他内心里激情澎湃,积攒了许多原初的生命力,想要到外界去展示去征服。可是不幸的是,他是那样孤单无助,他与外界,天然地存在着巨大的冲突,世俗仿佛处处在设着羁绊,扼杀他的骄傲的活力。任何一个经历过艰辛的心灵历程的人，恐怕都不会轻易地忘记成长初期那段惨痛而漫长的搏斗。而里尔克，这个亲切、沉静的名字，有幸在我最寂寥的时刻成为我的良友，它是乍暖还寒的早春里的一缕阳光，将我置于"诗人温暖、和蔼而多情的关怀"（收信人引言）之中，至今仍让我怀着深深的感激。我甚至相信，他那十封致卡卜斯的幽美而深沉的信，是专为我而作的，正像译者冯至先生在《译者序》里所说的，"觉得字字都好似从自己心里流出来，又流回到自己的心里"，仿佛在一位先知的引领下，倾听自己的内心发出的隐秘的声音。

在这不朽的书简里，面对着正在经历着青春的所有痛苦与迷惘的陌生的青年诗人，里尔克重新翻检自己的过去，就青年们关心的几乎所有的问题，爱情、性、职业、寂寞、艺术、诗、习俗……坦率而诚恳地发表他的议论。那完全是一种炉边悠闲的谈话，而不是庄肃凝重的教诲。那种郑重真挚的情调，连同那细腻温存的笔触，使人自然而生亲近之感。里尔克，从其作为诗人的天性来说，他是内心的敏感的不懈的探索者。他接受并且推崇那种伴随成长而来的广大的寂寞感，而不是怀着恐惧、惊惶的心态拒斥它。"爱你的寂寞，负担那它以悠扬的怨诉给你引来的痛苦"，他以娓娓的语调教导那些对寂寞感到不安的青年,正是这种寂静的、简洁的,似乎与喧嚣的外界相隔离的生活,才使得成长者真正意识到自己巨大的存在,并给这种存在以哲学上的郑重反省。一个少年的成长,与其说是充满欣喜的,不如说是充满悚惧的;它完全不像我们想象中的一样,以为它是一支高歌猛进的进行曲;恰恰相反,它必须忍受寂寞、苦闷、惆怅、彷徨甚至绝望的煎熬。如果这是成长的命运所赋予我们的,那么我们唯一所能做的,就是学会以坚韧的隐忍的态度去承受,正如里尔克所说:"我天天学习,在我所感谢的痛苦中学习:忍耐就是一切!"

"职业",是一个过于沉重而压抑的字眼,尤其是对于涉世未深的、被梦幻所充溢的年轻人而言。可能是卡卜斯对他在维也纳新城陆军学院的枯燥的军营生活有所抱怨(这只是我的猜想),使得里尔克花了不少笔墨对职业问题发表他的意见。自然,这些精辟绝妙的阐述带有深深的诗人的印痕。职业,似乎天生就是一种束缚,它是一种巨大的不可抗拒的势力,将一个人的生命情感局限于内。处在转折期的青年的苦闷,往往因这职业的压迫更加显得尖锐强烈。无疑,青年是倾向于自由的、流动不居的生活,可是职业是固定的、程式化的;青年向往刺激的、带有冒险性与挑战性的生存方式，而职业却是按部就班、有条不紊的。职业的本质似乎天生便是与艺术相隔离、相对抗的。但是职业，首先是广大的现实生活中的一个部分，这是一个"固定的、可以言传的生存"。正是它，通过自己貌似呆板、僵硬、世俗的节奏，却恰好比那些表面上"以艺术为号召"的职业更能造就一种纯粹艺术的生活。忍受职业所给予你的寂静，同时注意培养一种无所不在的深刻的洞察力（这种洞察力的锤炼是不受职业约束的），去感受生命自身所弹奏出来的自然旋律。此时，你就会感到，在任何一个正当的有价值的职业里面，你都有组织一种"特别幸福与纯洁的生活"的可能。职业完全不是我们想象中的不可逆转的障碍物，它在任何时候都是一面镜子，可以让我们参透作为生活本身所具有的千姿百态，所需要的只是沉静地感受，完成我们的成长所必须的"内心的工作"。

对于爱情与性，里尔克是怀着异常谨慎而庄严的心情去谈论的。在他看来，爱情与性，都是人生成长里面极艰难极重大的事，然而世俗中的人，却将它们轻易地滥用了，从而也就误解甚至亵渎了它们本来的自然与神圣。里尔克郑重地劝告："一切正在开始的青年们还不能爱；他们必须学习。他们必须用他们整个的生命、用一切的力量，集聚他们的寂寞、痛苦和向上激动的心去学习爱。"爱并不是世俗中的两情相许与长相厮守,爱首先是内心的圆满的完成,即里尔克所说"为了另一个人完成一个自己的世界"。这个完成是一种持久的积累与锤炼,感受丰富的生活和其中隐秘的规律,它需要以极虔敬、温暖的忍耐去等待,期待那终将到来的饱满的成熟。爱不能在逼迫,也不能在催促中诞生。里尔克认为,青年们往往由于缺乏这种忍耐,"把生命任意抛弃,甚至隐入窒闷、颠倒、紊乱的状态",而这,对于一种圆满的爱而言,无疑是一种更大的戕害。而青年们为了弥补这种戕害,却往往躲藏到强大的习俗下面寻找栖息与庇护,不但不能造就伟大、郑重、深沉的爱,反而把爱贬低到与"公开的娱乐"一样的地步。所以,里尔克说,我们应"坚持忍耐,把爱作为重担和学业担在肩上,而不在任何浅易和轻浮的游戏中失掉自己"。

诗人保尔·瓦雷里在他的随笔《怀念与告别》中说,里尔克是"世界上最柔弱、精神最为充溢的人。形形色色的奇异的恐惧与精神的奥秘使他遭受了比谁都多的打击"。里尔克身上所折射出来的人类珍贵的高傲、那不可言说的沉静与婉约,以及内心深处诗意的孤独,成为后世无数诗人心灵世界的宝贵营养,为他们汇蓄起无数的灵感与温存,去完善他们作为独立个体的人的精神家园。而在这十封亲切的书信中,他以经验过的一切苦痛与孤独去向青年倾诉,"仿佛在抚摸他过去身上的伤痕"(冯至),这不是为了怀旧,而是为了慰藉那些与他有着同样精神历程的年轻一代。他教会我们忍耐与担当,以一种真实的、不加矫饰与虚妄的姿态,"寂寞而勇敢地生活在任何一处无情的现实中"。

千代野的木桶

——论丧失与解悟

在一个安静的初春的深夜里展读禅宗的智语,对于眼睛和心魂都是一种愉悦的休憩。禅宗的哲人似乎总有玄思妙想的天赋,悠远沉邃,宛若不食人间烟火。蜗庐之内灯影柔黄,窗子外面因为月光弥满反而更加澄亮一些;而此际的我的胸里,是被许多的丰满的感悟和邈远的忆想所充溢着,我品嚼着那些禅宗大师们布道式的琐屑然而又是亲切的文字,说不清是感喟还是欣喜。那是布满暗喻的文字丛林,迹近玄学,可并不让人感到晦涩;那里面充满了神性的启示,可又并非庄严肃穆,使人产生敬畏之感。禅宗的语言是直觉,明朗、机警、零碎、锋利。有人感叹耶稣的语言的魅力:"它们散发出泥土的芳香,正像雨天的泥土被雨水浸透时发出的那种浓郁的芳香——那是润土的芳香,是你在海滩上闻到的芳香,是海洋与树木的声音。"听禅宗的不太讲究逻辑的娓娓叙谈也有同样的享用。"难得浮生半日闲",我在这个静得连自己的呼吸声也听得到的月夜里,享用一种犹如檐下或炉边交谈式的快乐,也是浮生一乐了。

佛家讲"开悟"(enlightenment)。开悟恐怕是一种难于言传的境界,所谓"佛祖拈花,迦叶微笑",一切尽在不言中,此处无声胜有声。开悟是心智上的瞬间的升华,是刹那间心如澡雪般澄静明透的灵魂自觉,是心灵一时挣脱了所有的羁束来达到空前的自由与光明,是智慧集结了许多艰辛的探寻之后所抵至的圆满沉静的光辉的彼岸。开悟与任何一种宗教仪式都毫无关联。开悟只是一种解脱的状态,迹近神明的顿省,是生命本体的空前启蒙。禅宗中有一个尼姑千代野开悟的故事。千代野刻苦修行多年,始终未能开悟。一个月夜,她提着盛满水的旧木桶,行走间,看到映照在水桶中皎洁如玉的明月,突然,竹编的水桶箍断裂,木桶散了架,水全倾泻出来,桶里的月亮消逝得无影无踪——此刻,千代野猛然开悟!千代野写了一首优美的意味无穷的禅诗:

我曾竭力使水桶保持圆满，
期望脆弱的竹子永远不会断裂。
然而顷刻之间，
桶底塌陷，
从此再没有水
再没有水中的明月，
而我的手中是空。

在我看来，千代野的开悟所蕴含的隐喻是异常丰富的，她为我们提供了一个意味深远的启示：生命不但未从丧失中崩溃，反而从丧失中得到超脱与解悟，得到生命自身的某种升华。竹编的水桶箍不会永远坚韧，木桶中的月亮不可能永远圆满如昔，但当木桶崩塌的刹那，千代野却获得了心灵的空前超脱。那种原本给她带来巨大的震惊与恐惧的尘俗中的变故，那些曾经或许令她苦痛与焦虑的遭遇，此时却开启了她面向人生解悟的又一面明澈的窗户。当她坦然面对这些生命中"必要的丧失"的时候，她或许会理解到"失去"原是另一种更具隐喻性和幽默感的获得，"崩溃"原是另外一种更为坚定和睿智的再建的前奏。我们正是从不断的丧失之中得到生命本该体悟的神性的训诫；它并非恶意地隐藏在我们意料不到的灾难、危机、挣扎与苦涩的果核里，以我们必然领受的命运的方式逼使我们服从生命本身的节奏。正如朱迪思·维奥斯特（Judith Viorst）在《必要的丧失》(*Necessary Losses*)的副标题中所揭示的："爱，梦幻，依赖和不能实现的期望，所有我们为成长所必须放弃的。"这是一对近乎残酷的然而都是真实存在的生存悖论——丧失与自我完成——我们总是在丧失中成长，完成一次对自我精神与生存理念的扬弃，如同一只蝉从温柔的蛹中蜕变而出，或是一只蝴蝶冲破茧丝的重重包裹而达成痛苦而辉煌的质变。

从来不要试图用某种乌托邦式的谎言麻痹和欺骗自己，也从来不必畏惧那些我们本来付出的精神上的折磨与牺牲，因为它们是我们为了成长而必须支付的。耶稣在牺牲之中达到质变，从残忍的绝望的死亡里获得再生；乔达摩·悉达多决然抛离娇妻爱子慈父王位而苦修梵林，从生命的涅槃里寻回终极意义上的自身。我们付出"丧失"的成本的同时，必将同时获得更为丰盈的心灵的回报，而对于"丧失"，我们只需要感激、祈祷、宽容和希冀，不需要彷徨、哭泣、怨尤和绝望。丧失给我们领略孤独面对苦难的孤立无援的境界，让我们尝试在一无所有的"空"里寻找生存的深远意义；丧失给我们另一种坦然和智慧，正如一粒种子，当它被掩埋到土地里的时候，它必会感到某种丧失一切的巨大的苦难的降临，它会依恋以往的光明时光，它会感到如同被钉在十字架上的耶稣一样的迟疑与困惑。它想象不到丧失后的另一番天地：种子的丧失正是另外一种萌发和成长，当它成为大树的时候，它将为自己饱满的果实和青葱的枝叶而骄傲，它曾经经历的巨大的不安和惊悚此刻却换来更高境界的欢愉：它与飞跃往还的众鸟嬉戏，与白云和繁星交谈。

有哲人说："你必须死亡以达到再生，你必须失去一切来赢得上帝。"丧失是一种祭奠，对于不可以挽留的生命风景的一种凭吊。我们秉持着无比忠实和隐忍的心怀，承担"丧失"所赐予我们的巨大的空寂和悲楚，倾听生命里面那些悠扬的怨诉所带给我们的宝贵的暗示。成长，在某种残酷的意义上而言，是一条逐渐丧失的旅道，我们将慢慢以生命为代价来放弃对于外界的依赖和对于尘世的完美的假定，返回自我，观照内心。木桶崩塌了，水倾洒净尽，水中之月也随之倏然消逝：千代野于此际却訇然开悟。

一九九九年四月九日凌晨一时

卓然不群的另类姿态

假如生在革命话语唯我独尊和群众哲学大行其道的年代，探讨"另类"不仅是一桩忌讳，更是一种致命的罪孽。另类被认为是异端，是与流行的或是正统的或是钦定的秩序观念相违背相抗衡的一种姿态。它对于现存价值观念的坚定的疏离的态度很容易被理解为潜意识中的反叛与蔑视，因而它总是被理所当然地排拒于主流意识形态之外，它似乎注定是冗长繁复的历史文本中可有可无的装饰品。然而世事变迁，潮流逆转，我辈现在居然也可以赫然而且坦然地谈论另类了，这足以证明，一种宝贵的慷慨的宽容性正在我们的社会中茁壮成长。

中国的国民群体历来具有从众的品质，从众可以免除许多独立思考的劳苦，更可以由此躲避许多始料不及的殃祸，所谓"法不责众"的观念在国民行为模式中占据着举足轻重的地位。我们素来缺乏的是关于另类的比较公允与宽容的观念，他们或是被描述为退居山泽林莽的隐士，"红颜弃轩冕，白首卧松云"，他们以远离尘嚣不问世事来逃避和反抗现存社会秩序的挤压与诱惑。他们或是被描述为略带些神经质的疯癫的人士，"楚有狂接舆，凤歌笑孔丘"，他们对于那些汲汲于尘世功名的所谓"入世之士"怀着深深的不屑与怜悯。然而另类却不仅仅是隐者或是狂狷之士。另类的精神本质是行为与谈吐上的独立不羁、卓尔不群，他们以内心世界的特立独行超然凌驾于因物质诱惑和精神焦虑而备受折磨的其他社会群体之上，从而成功地摆脱了虚伪专断的社会制度的重重束缚而成为自由的精神贵族。

相对于总是容易并乐于被潮流所裹挟的大众而言，另类更注重自身的价值判断。他深信以他的才智和洞察力必会有迥异于常人的更具有远瞻性的见解。他游离于被人们普遍奉为经典的社会评价系统之外，正是这些评价标准，顽固地占据着大多数人的思维，左右着他们的价值观念，维系着整个社会的超稳定性和超均衡性。另类对于这些标准怀着根深蒂固的恐惧与厌倦,他深切地理解,这些被大众一致奉为神圣的理念极易蜕变为一种宗教,而宗教自身所具有的非理性的倾向和与生俱来的煽动性不可避免地使这些理念受到歪曲与篡改,这正是人类许多巨大灾难的内在源泉。另类与这些普遍信仰始终保持着适当距离的原因之一是他的清醒与自尊的个性,他并不嘲弄大众信仰,但他有权利漠视、拒斥、抛弃。另类的目的不单单在于树立自我、标榜自我,更重要的是,他们为社会提供了另外一种思维向度,使他们得以聆听到另外一种声音,想象并尝试另外一种生存方式。他们是为我们单一的社会准则与历史进程贡献某种有趣而且有益的多样性的一个群落。

然而另类并不是一个严格意义上的群落,他们对一切形式的"群体主义"的本能的警惕使他们倾向于选择一种更为个体的生活姿态。他们至多可以忍受三五挚友对月品茗或是二三知己围炉闲话,不过他们对此却绝不过分迷恋和执着。一个巨大的群体的存在必然以某种共同的价值理念为纽带,而群体的牢固与松散则系于这条纽带的坚韧与脆弱。另类更崇尚的是"赤条条来去无牵挂"的境界,所以另类在精神的孤独上与贵族的气质有相似之处。而另类的价值也正在于此:他不寻求更为广泛的理解和接受,这使他品位独特,超绝千古;他也不期待更为普遍的模仿与追随,因为他喜欢"自在"。

"自在"在现代汉语中的"愉悦"的单一释义远远不能揭示这个美丽的词汇背后所展示的人性的魅力。"自在"就是"成为自己",就是立于自己所应居留的心灵空间,就是保持和呵护每一个具有创造性和主权的个体内心的完整性与纯洁性。现代汉语中另外一个被广泛误解的词汇是"无地自容"。"无地自容"并不是"无地可以容纳自己",而是"虽然无地,但求自容"。宇宙之大,贵在自容,自容才能得大自在。另类是得大自在的一个群落,如同阮籍所颂扬的"徜徉足以舒其意,浮腾足以逞其情""不避物而处,不以物为累"的"大人先生"。被令人眼花缭乱的尘世规则所纠缠的人们绝对不会理解"自在"的意境与深味,他们只是"为他人而存在",如同保罗·福塞尔(Paul Fussell)在《格调》中所嘲弄的所谓中产阶层,这个最为势利和虚荣的阶层所遭受的内心焦虑和缺乏安全感使得他们急于以某种方式赢得他人的承认和社会潮流的接纳。他们所追求的往往是那些"缺乏明显个性的、标准的、可以明确指示身份的物品"。中产阶层身上带有的不自信、那种谨小慎微的循规蹈矩、那种可笑的毫无创造性的对于潮流的模仿与追逐,以及没有节制的炫耀的欲望，使这个阶层成为最为劳累的一个群体。他们期待并乞求他人来容纳自己，而不是"自容"；他们为某种通行的价值坐标所拘禁，而没有勇气也没有资格去寻求"自在"。

我说过，另类并不嘲弄普遍的大众信条，嘲弄大众的正是那些已经从低微的处境艰辛的阶层中挣扎出来或正在奋力挣扎寻求摆脱的可怜的阶层，他们试图用嘲弄大众来表示他们的不同凡响，并标榜自己"趣味不俗"。只有这些毫不自信的人才喜欢夸耀，才渴望得到流行观念的首肯和赞美。另类则选择了一种远离时尚的生活方式，他们并不故意吸引大众和那些性好猎奇的大众传媒，他们只渴望自我肯定与自我实现。在另类看来，时尚是工业化时代标准生产线的产物，时尚只是一种泯灭个性与缺乏思想深度的标志，追随时尚只能被时尚所抛弃。他们认为任何对于时尚的热衷与崇拜都是一种精神贫弱的可耻表现。另类的与众不同背后是冷静。他本身就是一种时尚，只是这种时尚深深打上个性与创造的烙印，具有不可模仿和不可继承的性质。我们需要鄙弃与嘲弄的是某些招摇过市的假另类。与真另类相比，假另类缺乏的是那种冷静、悠然自得、清醒的心态。他们放弃了得体的、安详的生活方式，以一种躁动的不甘寂寞的心态去全身心地、处心积虑地"创造"一种时尚;他们期望被人看到并谈论,并妄想成为传媒的焦点和街谈巷议的主题。他们从大众或惊诧、或艳羡、或躲避、或痛斥的紧张不安的表情中找到了一种自我安慰式的快感。"噢,上帝,终于有人关注我了!"如果真的不幸没有人关注,假另类会做出某些决绝的轰动性的举动,比如赤身裸行,比如壮士坠楼。假另类糟蹋了另类的形象,招致社会对于另类的普遍憎恶、嘲笑与戒备。我要负责任地提醒各位的是,那些有意在臀部打洞、发染五色、赤足长跑、半夜狂歌的人士绝对与另类无缘,他们可能是内心最为空虚、无聊和畸形的一类。另类没有必要以这样滑稽怪诞的方式来取悦世人并作践自己。另类并不随波逐流,也不故弄玄虚、故作姿态、哗众取宠。与那些拙劣的假另类的表演不同,另类崇尚内心的独立自由和安详恬静,他不为外界所羁绊,也不为自己所羁绊。他不想用某种令大众惊诧莫名的极端而幼稚的方式来标榜自己的特立独行,因为渴望标榜本身就是一种很没有品位的事情。

另类类似于一种后现代状态,是"一个解构主义的文本",他们虽然并非有意识地参与社会的变迁,但是他们的行为本身对现存社会秩序就构成了一种消解,一种重构,一种震撼,一种潜移默化的渗透和影响。另类不依赖社会的承认而存在,所以他们在话语的选择上更少顾忌与牵挂。另类的独立不羁的姿态意味着他们不必向整个社会的世俗献媚诌笑,他们是唯一拥有独立的人格操守的一个群落。另类有足够的闲暇来丰富自己的身心,他们的生活嗜好品位不俗,而且从来不过问这些嗜好的世俗功用,他们往往同情那些为了维持可怜的自尊与生活资料而奉行刻板的生活方式与了无生趣的职业习惯的人们。但是另类并不是总用闲暇来饮酒赋诗吟风弄月的风雅之士。正因为他们有足够的闲暇,他们才有精力和心情去探讨那些为世俗所牵累而无暇他顾的人们所终生不能涉及的更根本更抽象更具有历史价值的问题。一个被日常生存琐事纠缠得焦头烂额的人是不可能去做什么"终极关怀"的,他只关心他自身的命运,而不是人类的命运,他只是关注股票市场的趋势,而不会关注人类文明与历史的趋势,他们没有时间也没有兴趣去思索这些遥远的、抽象的、沉重的、毫无功利价值的命题。从这个意义上说,另类往往是社会良知的代表者。另类与假另类的一个最明显的区别就是,另类从不游戏人生,而假另类从来没有郑重的、确定不移的生活原则。坐在地狱的门槛上支颐独思人类命运的往往是另类,他在替那些在苦乐之海中挣扎的芸芸众生们思考，因为他有闲暇，也有足够的修养、才智与胸怀。

在整个人类文明都被无所不在的躁动不安的欲望所折磨、压抑以至于窒息的时代（但愿我言过其实大谬不然），也许只有另类才可以担当抗御人性异化和拯救人类堕落灵魂的重任。人类的上空弥漫着一种被焦灼的心灵、隐而不宣的欲念、拥塞的人生空间所腐蚀的沉闷而紧张的气息，只有另类精神才可以还给我们一个真实、宁静、纯洁、独立、有品味的人生。另类身上所张扬的独立自由的生命意志，他们清醒的自我意识和深远的人文关怀所折射出来的人性的光辉，使我们的历史更为生动灿烂、神采飞扬。如果我们没有春秋、魏晋、五四这些盛产另类的时代，我们中国人的历史该是多么干瘪与乏味！

一九九九年一月十五日夜

以出世的精神做入世的事业

一般中国的民众很难体会真正的宗教生活的含义,虔诚、肃穆、庄严、热切,有时甚至狂热的宗教的情绪,很难激起中国人的共鸣,这恐怕与中国传统国民精神有关。在中国的传统精神里面,信仰往往切近于实用。孔子以关注现世而著称,他的学说大多带有道德说教和伦理规范的色彩。从本质上而言,儒家与宗教毫不相干,它虽然有信仰,但却并不关注超人间的精神生活,也并不崇拜超自然的人格化的神明。孔子就曾说:"未能事人,焉能事鬼?"儒教则充满了人间的情味,在《论语》里,孔子往往有令人击节的高论,他对于庸常生活中细微之处的深刻洞察和人际关系的精辟论述,实在代表了世俗的最高智慧。他的明哲、中庸、勤谨、诚挚的生活信条,影响了整个中华民族的生存哲学和精神状态。中国最带有宗教色彩的民间信仰是道教。然而道教的泉源是哲学,所以这种宗教不能不深深地烙上中国哲学的印记。服饰凝重,行为超脱,晦涩的经典,刻板庄严的仪式感,全都渗透着浓郁的神秘主义气息。这些氛围,把道教与一般中国民众的精神生活隔离开,不能相互融合,以至于道教的领地在现代社会中逐渐缩小,其影响甚至龟缩于学者的书斋,成为名副其实的宗教标本。佛教传入中国,对于中国文化是一个石破天惊的具有绝对空前意义的事件。佛教中的完全超脱现世的生活信仰对于中国人是陌生的,所以在传入中国的初期,除极个别时间遭到当政者的敌视与警戒外,曾引起了中国知识分子以及上层社会的极大兴趣。魏晋南北朝时期佛教之盛,皇亲国戚王公贵族文人墨客无不趋之若鹜,几乎成为中国的国教。然而中国固有的深厚的文化传统在以后的岁月中却不断使得佛教脱离印度的传统而与中国大众的信仰体系相结合,不断使得佛教世俗化中国化,使佛教超越现世的宗教色彩逐渐黯淡衰退,而逐渐融入中国民间带有极大实用色彩的价值体系,这种"具有中国特色的"佛教的形成和同化轨迹一直是学术界很感兴趣的话题。儒释道三家在历史上总是"你方唱罢我登场",其显赫与式微之势总是不断变幻,从而构成中国文化史上特殊的演进场景。但是不管如何,中国传统文化基因里面,宗教性总是显得很微弱,这一点,有位西方哲学家布德(Derk Bodde)教授讲得很清楚。布德在《中国文化形成中的主导观念》中说:"中国人不以宗教观念和宗教活动为生活中最重要最迷人的部分。中国文化的精神基础是伦理(特别是儒家伦理)而不是宗教(至少是正规的有组织的那一类宗教),这一切自然标志出中国文化与其他主要文化的根本不同。"我们知道,对超乎现世的追求几乎是人类一种先天的欲望,这是不是说明独独中国人是一个例外,对超乎现世的东西完全没有觉解呢?对此,冯友兰先生在他的《中国哲学简史》中为中国人辩解道:"中国人并不是这条规律的例外。他们不大关心宗教,是因为他们极其关心哲学。他们不是宗教的,因为他们都是哲学的。他们在哲学里满足了他们对超乎现世的追求。他们在哲学里表达了、欣赏了超道德价值,而按照哲学去生活,也就体验了这些超道德价值。"冯先生或许真的在中国的哲学中读出一些超道德价值也未可知,但是我总感觉他的解释有一些牵强的狡辩的味道。

中国文化传统中宗教精神的缺乏似乎是一个事实。或许也就是因为这一个事实，中国人对于外来的宗教总是怀有一种好奇感，有时是不辨良莠趋之若鹜，有时是口诛笔伐视若洪水猛兽，总不能用一种客观的冷静的眼光来做一番审视，而围绕宗教的许多误解也就随之而来。一个最大的误解就是，在宗教信仰中，信徒是蔑视和轻视世俗的物质与精神生活的，人生的幸福不是来自日常的平凡的属于人的生活，而是来自遥远的未来的天国的属于神的幸福。这种宗教认识中的偏差，在中国许多信仰宗教的人士中间都存在，在少年们中间尤其严重。每一种严格意义上的宗教，诚然都是追求超道德的价值的，然而宗教的信仰是不是就一定意味着否定和忽视现世呢？宗教是否就是世人逃避现世的一种手段？这种观念里面包含着很大的误解。实际上，在基督教和佛教的真精神中，非但不否定、憎恶、逃避、轻鄙现世，反而是以现世为根基，在现世中锤炼和修养自己。在真正的宗教信徒的眼中，现世是他的世俗的居所，他在现世中的所为不是他接近神性和超脱世俗的障碍，而恰恰相反，现世生活正是彼岸生活的起点。入世和出世，并不是截然对立的东西，或者反过来说，真正的有悟解有智慧的宗教信仰者，他的入世和出世是一而二、二而一的。在这方面，基督和佛陀树立了一个永久的优秀的榜样。

作为宇宙中一个个体的我们，本来在广渺的世间觉得无穷的渺小与孤单无助，但是借助某种力量，我们才对世界与自身充满了信心。在这个时候，我们往往忘却或者至少暂时忽视了真正意义上的生活，甚至将我们在现世的世俗的生存状态视为令人厌倦的累赘，颇有"我欲乘风归去"之感。但是基督教的真义却与此恰恰相反。生活是一个可以称之为人生的过程的真正的实在的寄托所，从某种意义上来说，"人生中真正的要务是生活本身"，而"搞清楚怎样生活是所有知识的最终目的"。一个刚刚走向生活之途的青年还不能体味真正的生活的意味，不能担负生活所给予他的诸多考验、锤炼甚至打击。他还不能在内心里明了生活的真正源泉，不能在心里积聚起巨大的勇气来应对来自生活的挑战。在美国小说家怀尔德先生（Thornton Wilder）的《安德罗斯岛女人》中，一个刚刚开始生活的青年克罗西斯面对苍天焦急而充满疑惑地发问："人应该怎样生活？人的当务之急是什么？"作为一个成年的人，他马上就要负担所有世俗加于他身上的义务，他马上就要做丈夫、父亲，成为前辈事业的继承人并成为整个家庭的精神和物质生活的支柱。他马上就会衰老，光阴在无情地流逝，没有人会告诉他如何计划自己的生命，如何在命运面前努力抗争以避免失败和痛苦。正像这个年轻人的困惑一样，所有基督教的教义都在于使人认识到自身的处境并完善自己的人生。尽管作为一种宗教，基督教总是劝导信众虔诚向神，但是，基督只是给予生活一种源泉，一种指引，而真正的生活在每一个人的手中。

"生活是所有知识的最终目的"，这是一句非常精辟的格言，在《基督的人生观》中，译者颇有感触地在这句话下面加了一个注解，这个注解值得抄来与大家分享："从基督教的观点来看此理甚明，只是众生不晓，穷年放心外逐，生活在生活中却向外找生活，把人生建立在外物之上，而把自己的内在生命挖空。基督教认为，真正的生活就是当下的生活本身，真正的人生就应该建立在当下的生活中。人生的目的就是在当下的生活中去寻求，生命的意义就在此当下的生活中去获得。"基督教所认为的完满的人生，不是物质的极大满足，不是欲望和野心的满足，而是在人生历程中内心的充实和全心向善，而这种境界需要在凡常的生命历练中去获得。《基督的人生观》的作者里德根据基督的教义，认为完满人生有三个衡量的标准：一是看生活是否有目的或者目标，这种目的和目标能够凝结我们所有的力量，并使这些力量为之服务，而且能够协调我们的所有行动。第二个衡量标准，是看我们能否不以自我为中心，而是在我们的人生中和为他人服务的工作中找到我们兴趣的凝聚点，也就是用基督爱人如己的精神为他人服务，最终达到自己人格的完善和人生的圆满。第三个衡量标准，就是看我们有没有应付生活的能力，如果我们没有这个能力，我们就不能完满地解决困扰我们人生的诸多烦恼，不能避免我们道德堕落的可能。我们看基督的一生，其实是很悲惨很艰辛的，他在坚忍的传道历程中不断遭到敌视、诽谤和屈辱，精神上所受的创伤比之物质生活的艰苦更甚百倍。但是直到他被处以极刑，在十字架上接受最后的磨折时，他的内心依然维持宝贵的宁静。这种宁静，在他的人生所遭受的艰苦中早已锻造成就，他并不是将生命视为空虚的，他的勇毅的精神，颇有孔子所说的"知其不可而为之"的味道。基督的信徒并没有将现世作为通往神性的障碍，相反，他们相信，在漫漫人生中能够勤勉地工作、正直地为人，取得事业的成功和人生的圆满，才是上帝的荣耀的真正体现。在《新教伦理与资本主义精神》这部名著中，马克斯·韦伯将这种理念视为导致欧洲走向资本主义发展之路的重要精神力量。

让我们再来探讨一下佛陀的精神。佛教似乎是一种最为鼓吹出世的宗教。它对来世的信仰和宣传更是神乎其神,"西方极乐世界"的描绘可能是人类最具想象力的蓝图。所以,在我们普遍的观念中,佛陀应该是不食人间烟火的至圣大仙,他头戴光环,全身放光,刚生下来,便是自称"天上地下,唯我独尊"的超人。佛教教人超脱现世,追求来世的荣光,似乎佛教的主旨就是对于现世生活的否定和批判。这其实又是我们的一个极大的误解,把佛教的真精神给忘记了,只是发挥了庸俗的佛教的教条。诸位如果读过《金刚经》,便可以知道这个道理。我们知道,《金刚经》是佛教经典里面非常重要的一部大经,其全名为《金刚般若波罗密经》。所谓金刚般若,是能够了断世间一切烦恼痛苦的至大智慧,可见这部经的地位。人们一般读《金刚经》,只记得其中反复告诫的"无我相,无人相,无众生相,无寿者相",记得"应无所住",记得著名的四句偈"一切有为法,如梦幻泡影,如露亦如电,应作如是观",以为佛家的精义既然在于超脱生死,了断苦乐,忘却情欲,看破红尘,那么似乎这尘世的生活就不必如此精心勤谨地去面对,对于世俗的生活只需要草率地对待,人生可以随意地抛掷,这才算得上是看破尘世一切荣辱沉浮。这真是极其皮相的见解。

南怀瑾先生在讲述《金刚经》的时候，称颂它是一部"超越宗教性的经典"，这种超越，使得《金刚经》带有某种普遍的意义。《金刚经》的开头很奇异，与《楞严经》等经典不同，它没有任何神异的描写，而是从佛陀的吃饭洗脚开始，令人耳目一新。第一品《法会因由分》是这样的："如是我闻。一时佛在舍卫国。祇树给孤独园。与大比丘众。千二百五十人俱。尔时世尊。食时。著衣持钵。入舍卫大城乞食。于其城中。次第乞已。还至本处。饭食讫。收衣钵。洗足已。敷座而坐。"这是一个简单而意味深长的开场白，在这里，佛陀是一个极其平常的人。在我们的想象里，似乎佛走路总是挟云带雾，脚踏莲花，但是在《金刚经》里面，佛却同一般的印度佛教徒一样，他也要为了吃饭而亲自四处化缘；自己吃完饭后，仔细地洗了饭盆，而且同一般人一样，他也光着脚板走路，因为脚上粘了泥巴，还要洗洗脚，才打坐开始授课讲经。南怀瑾在讲解《金刚经》时，对这部经开首的佛陀的形象赞叹不止，认为是为修习佛教的青年立了一个极好的榜样。他认为，《金刚经》里佛的形象的象征意义在于，它告诉人们，平常就是道，最平凡的时候是最高的，真正的真理存在于最平凡中间。真正仙佛的境界，是在最平常的事物上。所以真正的人道完成，也就是出世、圣人之道的完成。这番觉解是真正读透了《金刚经》的。佛陀是太子出家，他的日常生活如同常人一样，在印度等级森严的社会里，他以自己的悟解，在最平凡最庸常的现实世界中，建立了一个非凡神圣的境界，这是十分了不起的。

朱光潜先生有句名言："以出世的精神做入世的事业。"在这里，出世和入世是相互和谐的。一方面超脱世俗的牵绊和束缚，保持自由超然的心态；另一方面却又热爱尘世，在尘世间勤勉、虔诚、达观而有尊严地生活，寻求生命的真正的圆满与超越。中国禅宗里说："担水挑柴，无非妙道。"平常的尘世生活恰恰是通往圆满神圣的境界的道途。许多年轻的朋友往往时有出世之慨，觉得超脱与浪漫便是不问世事，这是非常有害的见解。以特立独行而著称的美国思想家梭罗在《瓦尔登湖》一文中以异常幽雅和曼妙的笔调描绘了他隐居瓦尔登的生活，给人的印象仿佛是一个不食人间烟火的人，不少青年很是艳羡，大有卜庐而隐居的念头。但是大家似乎都没有注意到，在这部"寂寞、宁静、恬淡、充满智慧"的书的开篇，竟是《经济篇》，描述他在瓦尔登湖上的生产与生存奋斗，里面精细地记录了他在糖浆、黑麦、玉米粉、猪肉、甘薯、盐以及南瓜等食物上的消费数目和价格,这其中的意味与《金刚经》的开篇有异曲同工之妙。"尘世是唯一的天堂",从基督与佛陀的精神里,我们可以对于宗教的出世与入世有更为真切、完满与全面的解悟。

二零零零年四月九日凌晨

倾听生命里永久的黎明

——读梭罗《瓦尔登湖》

> 时间只是我垂钓的溪。我喝溪水,喝水时候我看到它那沙底,它多么浅啊。它的汩汩的流水逝去了,可是永恒留了下来。我愿饮得更深。
>
> ——梭罗

我曾经向一位朋友描述过我在燕园里所经历的黎明的经验。在初夏的凌晨时分,天地之间充塞的是广阔的寂寞感和微妙的不可言说的神秘感,宇宙开始重新从浑浊的呼吸中苏醒振作,那种体验真是"不可为外人道也"。我们中间很多人恐怕已经很久没有体会清晨的妙处。此时虽然天空已是难以置信得白而明亮,但是大地还是安静的,如同婴孩从悠远的睡梦中渐渐醒来,面上还带着温柔恬美的微笑;天空只从树叶的缝隙里透出灰白的几许亮点,可是耳朵里却充满了杂乱的但似乎又是清晰的声响,那是一种我久违了的奇妙的经验。小的时候,在乡村的夏天,在许多岑寂却是安详的早晨,也总是充满了这些慵懒的、有时又令人兴奋的声音,这些声音也是天籁一样不可言说的。大地此时可以听到它的呼吸声,我躺在床上摒住呼吸的时候,会感受这一瞬间遗留下来的静谧,那一段优美的却有些令人伤感惆怅的空白。在窗边凝神谛听,可以听见夏日初生的嫩蝉娇细然而却是绵长的鸣叫,因为夏天刚刚开始,所以这叫声里还有些甜蜜的梦想与期待的意味,这漫长的夏季等候它来消受和享用,因而这叫声里既没有浓夏酷暑里的饱满高亢,更不是临近秋天的时候带着惶惶不安的凄怆与焦躁,而是意态悠然,从容不迫。我的窗前是十几米高的秀颀挺拔的白杨所罩起的巨大的树荫,下面是较为空阔的草地,这样的地方,最适宜乳燕的盘桓与嬉戏。那些尖厉的声音掠过窗子的时候,就如同尖细的芦苇叶子瞬间劈开水面,或是薄薄的石片擦过湖水,倏地一下迅疾地扫过去,让人心里起一阵惊悸。我在窗下听,似乎燕子的数目有很多，所有这些燕子的尖厉的叫声汇成一种兴奋的节奏，让人联想到它们上下翻飞的轻盈的姿态。作为燕园的学子，假如有在文史楼读书的经验，大概不会忘记上百只燕子在空旷的草地和茂盛的悬铃木之间飞跃与鸣啭的壮丽景象。我保留着几年前的一些记忆。鹁鸪的叫声是很特别的一种，极有节奏感，但又极单调，它总在一处遥远的隐蔽的地方极有耐心地以一种不变的声调叫着，而且可以持续那么长时间，它的歌唱才华与敬业精神实在不成比例。有时候在傍晚万籁俱寂的时候，假若走在未名湖南岸的林荫道上，从林子深处也会传来这种单调的鸣叫声，但是又那么清晰悠远，会把你带到一种幽深旷渺的意境中去。而尤其令我感到惊喜的是，我还在这个百鸟相啼鸣的早晨听到了啄木鸟的声音，这是一种意外的收获，而实际上，作为燕园里一个有将近十年居住历史的居民，我在许多清晨都听到过这种世界上最坚硬的嘴有节奏地撞击树干的"笃笃"声。这种声音听起来距离我很近，但是我却看不到它。在燕园，我只有一次幸运地看到啄木鸟，那是个黄昏，多年以前了，我在赛克勒博物馆附近的树林里游荡，在一株白皮松干净的枝丫上清晰地见到一只啄木鸟正在勤恳工作。另外一种容易分辨的声音是灰喜鹊的鸣声，燕园里的灰喜鹊多得不可胜数，灰喜鹊的色彩不如真正的喜鹊那样有悦目的黑白相间的搭配，但是它背上暗青又略紫的光泽已经非常柔和动人，它飞翔以及滑翔时的姿态极为优雅，两翅开阔，如同绅士的神貌。其叫声短促、简洁，还略有嘶哑，仿佛一个埋头专注于自己的行动的人猛然开口讲话时喉咙干涩的样子。还有一种更清秀柔媚而且更抑扬顿挫、富于音乐感的鸟鸣声，我不晓得是什么鸟发出的，那种鸣啭声真是动人极了，但它十分矜持，只是偶尔出现一次，在所有的鸣声里面显得有点清高、突兀、孤独，但确实是令人难忘的。那些麻雀，它们的睡眠时间实在太少而精力实在过于丰沛，整个早晨，它们都在幸福地、兴奋地、不知疲倦地谈论着什么琐碎的事情，那种兴味盎然的投入让人忌妒。不过它们只是为这场百鸟合奏提供一种可有可无的背景音乐，如同中国音乐里的铙钹或是西洋音乐里三角铁的撞击声。此时天色更加柔和了，某种金黄色的调子涂抹在白杨树晶亮的叶片上以及窗子的玻璃上，路上渐渐有了稀疏的人声。

　　忘记哪位哲人曾经讲过，只有心智健全的人才会留意黎明时分鸟的鸣叫。从睡梦中刚刚醒转来的一个昏昏沉沉的灵魂，假如被这样"百鸟相鸣，嘤嘤成韵"的清晨洗涤一番，一定会倍觉神清气爽，俗虑顿消，对于生命的甘美充溢着全心的感激。此时我们会感到自己的生命渺小而丰满，它融合在大自然神秘而有秩序的节奏之中，成为宇宙进展着的一部分。一种安静的、对世界怀着宽容的心绪，谦卑地接受造物主所赐的任何琐细但又是个体幸福必不可少的种种愉悦。快乐的舒适的内心生活与物质上的丰足奢华没有必然的联系，正如美国19世纪特立独行的思想家梭罗所说的："最明智的人生活得甚至比穷人更加简单和朴素"，我们要"按照智慧的指示，过一种简单、独立、大度、信任的生活"。中国古代秉持着自然秩序思想的哲学家和诗人们，曾经为我们提供这样一种亲切而又高尚的榜样，他们尝试着脱离物质与世俗的羁绊，进入一种简洁、明朗、诗意、醇净的境界。陶渊明是中国诗人中最为接近于自然主义的一位，他心目中的乡村生活姿态更适宜一个诗人的状态，简朴，充满性灵的自由想象的空间，人们之间维系着共同的原初的价值观念：和谐共处，与世无争。清晨，踏着清凉的露珠，在氤氲的雾气之中挥锄劳作，悠闲时，随意采撷一两朵菊花插在鬓角，此时远山苍茫，大地沉静，诗人心目中充满对于生命的赞美与享受。我们同样会自然地联想到古代希腊的斯多葛派哲人，对于物质的鄙弃可算是到了极点：一杖一钵足矣，日间享用温和的日光，远离尘器的纠缠和争执之外,当他看到孩童以手捧水而饮的时候,顿觉瓦钵也是人生中多余的东西。现代文明给予人类的最大的馈赠是丰富得令人目眩的物质享受,我们被林林总总的物质世界所裹挟着,追求一些与我们的内心的丰满安宁以及生命的幸福完全无关的东西。现代文明似乎给人类一个虚幻的错觉,把生命外在的华丽装饰当作生命自身;人在扰攘的尘世中间为了一种盲目的目标而奔走,这时,人的快乐异化为病态的物质欲求,从而忘记了自己的存在,这就是马尔库塞所说的"富裕社会与病态社会"。

人们往往把梭罗当作特立独行、卓然不群的隐逸之士。不错,梭罗确实是一个特立独行的智慧的思想家,在任何时代,以任何标准,他都可以算得上一个行为不同凡响的甚至有些怪异的人物,若在中国的史书中,应该被列入《隐逸传》的。但是梭罗却并不是一个严格意义上的隐居者,他在瓦尔登湖上的两年几乎与世隔绝的生活,与中国哲学里的"出世"是完全不相干的。或者更准确地说,他来到杳无人迹的丛林中独自生活,并非厌恶人类,而是期望对于生活有更深刻的体悟,对生命有更深沉的反省。他说:"我到林中去,因为我希望谨慎地生活,只面对生活的基本事实,看看我是否学得到生活要教育我的东西,免得到了临死的时候，才发现我根本没有生活过。我不希望度过非生活的生活，生活是这样的可爱；我却也不愿意修行过隐逸的生活，除非是万不得已。"从这段自白中，可以知道我的判断是不错的。在静谧的仿佛几千年没有被惊扰的湖水边，在浓密的丛林的深处，梭罗每天游泳、劈柴、阅读、写作，以一种最为简单而悠然的生活节奏品味生命的优雅清醇的旋律，这种体悟是严肃而温柔的，带着哲人的遥远的思绪，又带着一个最普通的人对于生命里最细小的愉悦的怀恋和陶醉，那是多么简单但却是充盈着人类灵性的生活！远离尘俗的骚扰，他在进行一项庄严、孤独而虔诚的修炼，他虽然隐遁在仿佛超离尘世的至纯至美的水泽边，虽然他只能与山林鸟兽为邻，但是他所体味的人生的广远与肃穆比任何人都要真切、深邃。他悟到一种与天地万物合而为一的快感，如同庄子所说的"独与天地精神往来"，这是一个在城市喧嚣的氛围中不易体察的境界。他说："在黑暗的夜间，当你的思想驰骋在广大宇宙的主题上的时候，你却感到微弱的震动，打断了你的梦想，又把你和大自然联系了起来。"在梭罗的眼睛里，瓦尔登湖亘古如斯，它是一种远离尘嚣的象征，带着一种圣洁的宗教意味，引领人的心灵忘却生的苦痛与欲望。他的瓦尔登湖可真是令人陶醉！我在读这些干净纯美的文字的时候，许多次如同行走在梦幻之中！历史上的民族和人类一个个在宇宙中消逝，然而瓦尔登湖"却一个春天也没有变化过！也许远在亚当和夏娃被逐出伊甸园时，那个春晨之前，瓦尔登湖就已经存在了，甚至在那个时候，随着轻雾和一阵阵的南风，飘下了一阵柔和的春雨，湖面不再平静了，成群的野鸭和天鹅在湖上游着，它们一点儿都没有知道逐出乐园这回事，能有这样纯粹的湖水真够满足了"。梭罗怀着一种异常宁静的心情，在瓦尔登湖边度过了他一生中最为光彩、从容、丰满的岁月，当我们读他的如同诗篇一样隽永干净的文字的时候，当我们为他所描述的冬天的早晨的湖水四周升腾的云雾、海蓝色水波映衬下的寂寞地繁茂着的蓝菖蒲、湖水中安详自在地畅游的成群的鲈鱼和银鱼而感动和愉悦的时候，我们仿佛接受了他给予我们的最为宝贵的馈赠：对于生命的珍爱和虔敬。生命流逝，我们在对于生命的咏叹里感受生命的意义，瓦尔登湖上的梭罗，在每一个春季或是夏季的早晨到黄昏，以幽眇的心怀送走时光，这些时光，不必用神祇的名字来命名，也不必用机械的计时工具来丈量，它无边无际，在这条河中，他"只是静静地微笑，笑自己幸福无涯"。

梭罗对于黎明有极为动人的描绘。"每一个早晨都是一个愉快的邀请,使得我的生活与大自然自己一样的简单,同样地纯洁无瑕。我向曙光顶礼,忠诚如希腊人。""一个人如果不能相信每一天都有一个比他亵渎过的更早、更神圣的曙光时辰,他一定是已经对于生命失望的了,正在摸索着一条降入黑暗去的道路。""以富于弹性和精力充沛的思想追随着太阳步伐的人,白昼对于他便是一个永久的黎明。"这些话,像是一些启示录一样的箴言,是的,黎明永远不会抛弃我们,只要我们对于生命持着永远的欣赏和感激。我想起去年夏季写的一首诗的末尾:

> 在这一个万籁俱寂的甘美的黎明
> 诗人啊,请你起身
> 请你向黎明的深处倾听
> 请你置身于广大而沉静的命运之中
> 感激,忏悔,生存,瞭望

二零零零年四月十四日凌晨

隐忍、舍弃与征服:"用痛苦换来的欢乐"
——读《贝多芬传》

  惟有真实的苦难,才能驱除浪漫底克的幻想的苦难;惟有看到克服苦难的壮烈的悲剧,才能帮助我们担受残酷的命运。

  不经过战斗的舍弃是虚伪的,不经劫难的超脱是轻佻的,逃避现实的明哲是卑怯的;中庸、苟且、小智小慧,是我们的致命伤。

        ——傅雷:《贝多芬传》译者序

  窗子外面是京城惯见的春季的狂风,在宇宙间万物生意盎然的时刻,这狂乱干燥的风似乎是一种关于人生与成长的最为贴切的暗示和象征：在春树如云百花葳蕤的春季，我们却不得不忍耐晦黯的春寒料峭的早晨，不得不在夹杂着黄尘的狂风里瞩望人生的成长，不得不忍受痛苦以至于绝望的折磨以达到生命的升华。任何成长都不是没有代价的，对于那些敏感于自己的内心的人而言，成长的每一步似乎都如同跋涉在凄风苦雨之间，在经受了心灵的巨大创痛之后才能使生命最终臻至圆满的境地。被鲜花与凯旋一样的岁月所围绕的少年时代，很难体悟生命里艰辛与苦难的一面，他们尚陶醉在自我的曼妙的幻梦之中，真实的世界中所上演的哀伤与挫折只是他们在文艺中所想象和虚构的影像，而当苦难真正降临的瞬间，他们却往往将这些痛苦加以诗意地夸大，陷于一种颠倒、紊乱和绝望的状态而不能自拔。于是苦难非但不能滋养和壮大他们的心灵，反而会毁灭他们的信仰，扑杀他们玫瑰色的梦境，戕害他们对于人生的热切的希望。我常说，燕园是一个散发着浓郁的诗歌与梦想气息的园子，然而在青春的明朗蓬勃的朝气之中，也隐隐地流动着一种狂躁不安的情绪，一种在人生的磨折面前致命的犹疑。在燕园，有许多青春的脆弱的灵魂尚徘徊在生命的绝望的气息里，不能鼓舞起心灵的伟大的力，不能以隐忍坚定的心志抗拒苦难，反而沉溺于迷茫、哀怨和失意的自我暗示之中，以致完全丧失了生的意志。我对这些青春的生命充满了痛惜。

苦难是人生成长必须付出的代价。我们可以想象没有苦难的人生吗？我们可以想象一个人可以不经过痛苦的孤独的磨折就克服了自身的平庸凡俗从而成就一种完整灿烂的人生吗？当苦难到来的辰光，我们相信，就连意志最为坚定的心灵也会感到些许的犹疑并产生对于人生的诘问，就如同耶稣在走向十字架前对自身命运和历程的深沉痛苦的反省。然而苦难是不可逃避的一种宿命，而且愈是那些不甘于凡庸的卓越的心灵，就愈是会遭受这种宿命的执着的困扰和打击。对于这些注定卓尔不群的人而言，人生在它开启的时候，真是如同一场悲惨的斗争，那是一场没有光华的、没有幸福的、在孤独与静寂之中展开的斗争。那些在患难中艰辛跋涉的时光，成为人生中永久的印记，记录着被焦虑、绝望、彷徨和愤世嫉俗所笼罩的岁月。然而我们永远要记住，没有一个伟大的心灵不是由长期的患难而铸就的。当我们因着自身的痛苦的命运而怨叹哀伤不知所措的时刻，我们不要忘记我们还有无数的同道者，他们与我们一同担当着人生中苦难的命运，一同注释着"艰难困苦，玉汝于成"的古老格言。罗曼·罗兰在为贝多芬、米开朗基罗和托尔斯泰所作的传记的序言中,曾经写着这样的话,这话是足以鼓舞我们关于人生的信仰,并坚信在我们遭受患难的时刻不会孤单的:

> 这些传记中人的生涯,几乎都是一种长期的受难。或是悲惨的命运,把他们的灵魂在肉体与精神的苦难中磨折,在贫穷与疾病的铁砧上锻炼;或是,目击同胞受着无名的羞辱与劫难,而生活为之戕害,内心为之碎裂,他们永远过着磨难的日子;他们固然由于毅力而成为伟大,可是也由于灾患而成为伟大。所以不幸的人啊!切莫过于怨叹,人类中最优秀的和你们同在。汲取他们的勇气作我们的养料吧;倘使我们太弱,就把我们的头枕在他们的膝上休息一会罢。他们会安慰我们。在这些神圣的心灵中,有一股清明的力和强烈的慈爱,像激流一样飞涌出来。甚至毋须探询他们的作品或倾听他们的声音,就在他们的眼里,他们的行述里,即可看到生命从没像处于患难时的那末伟大,那末丰满,那末幸福。

在人类的历程中，在可以作为患难中的英雄的榜样的先驱者中，贝多芬无疑是最优秀者之一。这个饱经人生苦难的灵魂，曾经历艰苦悲惨的童年时光，成年后则被贫穷的生活所折磨，又屡遭爱情的抛弃和情感的创伤，而在这些灾患之外，又增加了对于一个以音乐为毕生天职的人的最为宝贵的功能的丧失。这些致命的打击和挫折，形成他忧郁与悲愤的性格。他常常被一种无边的寂寥、深刻的愁苦和对于人生的怀疑情绪包围着，在认识他的一些人看来，他态度高傲，举止粗野，神情抑郁，对于周遭的人和物，同时怀着一种居高临下式的鄙弃轻蔑和内心深处的怜悯慈悲。孤傲坚忍的贝多芬，在他遭受病痛的折磨的时刻，同样不能抑制内心的失意和愁闷，他在写给好友韦该勒的信中说："……我简直痛苦难忍。……我时常诅咒我的生命。……普卢塔克教我学习隐忍。我却愿和我的命运挑战，只要可能；但有些时候，我竟是上帝最可怜的造物……隐忍！多伤心的避难所！然而这是我唯一的出路！"在这里，我们可以看到一个内心倔强而孤傲的人，是如何在凄恻的隐忍和骄傲的反抗之间徘徊的。他内心深处的痛楚一方面来源于孤独傲岸的节操，一方面却来源于对于命运的深深的怀疑。他在最为绝望的时刻，竟然发出这样的凄惨的呼喊：

"连一向支撑我的卓绝的勇气也消失了。啊神,给我一天真正的欢乐罢,就是一天也好!我没有听到欢乐的深远的声音已经多久!什么时候,啊!我的上帝,什么时候我再能和他相遇?……永远不?——不?——不,这太残酷了!"当我们听到这撕心裂肺的诘问和呼喊的时候,也不免感到深深的怜惜和同情。这个纯洁的、对于人生的爱情充满强烈向往的心灵,屡次涉入这个布满危险的领地,以一种清教徒一样的圣洁的心情,试图领受爱情的甘美的馈赠,他对于爱情的神圣永远怀着一种毫无保留毫无假借的观念。然而这样的一个人"是生来受爱情的欺骗,做爱情的牺牲品的"。他不断地钟情,如醉如狂般的颠倒,他不断地梦想着幸福,然而立刻幻灭,随后是悲苦的煎熬。这些爱情的辗转苦痛,这些肉体与精神上的折磨,这些时而激烈地抗争时而颓唐地怨诉的声音,成为人类苦难与忧患的最真切的写照。

然而贝多芬却从没有泯灭对于幸福的渴望,不肯相信不可救药的灾难,对于爱情、对于疾病的痊愈,他始终怀着坚毅的希望。在他最为艰苦的时候,他写下了可以传诵千古而不朽的名言:"我要扼住命运的咽喉,它决不能使我完全屈服……啊!能把人生活上千百次,真是多美!"在贝多芬的音乐里，弥漫着一种不可磨折的意志力，一种向命运抗争和挑战的精神，那是来自内心的力，它源于对于神明所赐予的命运的平静的隐忍，源于对于苦难的勇敢的担当，源于经过艰辛的搏战和舍弃而达到的对于人生的全新体悟。傅雷先生在论述贝多芬的音乐时，认为贝多芬的圣徒一样的行述本身就代表着一种力，它预示着对命运的征服，也预示着人类自身的自由与解放。他的音乐中充满狂风暴雨式的狂野的气息，傲岸不驯，激昂，暴烈，似乎力在奔涌，随时都会冲决约束；他甚至超临一切之上，即使在上帝面前也保持着诅咒与追问的姿态，他把神明视为与他平等甚至要遭受他虐待的伴侣。《英雄》《悲怆》《命运》，处处显示出他的力，他的不可抑制的内心的高傲。他的音乐里充溢着对于人类的苦难的慈悲，他替征服神明的卑微的人类歌唱和呼吁；而在《田园》《黎明》和《第四交响乐》中，则弥散着一种晴明的清澈的欢欣，时而如同悠闲的田野间的散步，时而如同黎明时分清新的呼吸与赞美，时而是徐缓和悦的吟唱，充满活跃的生机和生活于尘世的微笑。在贝多芬的音乐里，我们可以感到，痛苦与欢乐的旋律，总是交替着出现，它们构成一个完满的节奏，形成一种苦难与幸福的和谐。爱恋与征服，隐忍与抗争，温柔与坚韧,生命与死亡,在贝多芬的音乐里始终是缠绕纠结的。罗曼·罗兰曾经说:"我们应当敢于正视痛苦,尊敬痛苦!欢乐固然值得颂赞,痛苦亦何尝不值得颂赞!这两位是姊妹,而且都是圣者。他们锻炼人类开展伟大的心魂。他们是力,是生,是神。凡是不能兼爱欢乐与痛苦的人,便是既不爱欢乐亦不爱痛苦。凡能体味他们的,方懂得人生的价值和离开人生时的甜蜜。"这句话可以作为贝多芬人生与音乐的注脚。

"疗治我青年时世纪病的是贝多芬,扶植我在人生中的战斗意志的是贝多芬,在我灵智的成长中给我大影响的是贝多芬,多少次的颠仆曾由他搀扶,多少次的创伤曾由他抚慰。"每一个从贝多芬的行迹中得到鼓舞并重新获得生命信仰的人,都会同傅雷先生一样,对贝多芬怀着永远的感激的心情。在《贝多芬传》的末尾,罗兰写下这样的话,愿以此语与曾经经受苦难的朋友共勉:

> 一个不幸的人,贫穷,残废,孤独,由痛苦造成的人,世界不给他欢乐,他却创造了欢乐来给予世界!他用他的苦难来铸成欢乐,好似他用那句豪语来说明的——那是可以总结他的一生,

可以成为一切英勇心灵的箴言的：

"用痛苦换来的欢乐。"

一九九八年十二月初稿

二零零零年五月二日定稿

不完美的现实与完美的实现

这是一个极其安详寂静的午后,外面是早春的和煦的阳光,有些慵懒与迷醉的意味,仿佛清晨尚未睁眼的婴儿的余梦。北京的春天是很可爱的季节,只要没有弥漫天地的风沙;可是北京没有风沙的日子却是如此稀罕。这样的早春,这样的"真实的、没有夸耀的春天",在许多方面竟然同一个人青春的成长有着惊人的相似:他的心里孕育萌动着许多骄傲的活力与征服的欲望,生命的汁浆在蓬勃地涌动,然而他却不得不承受和忍耐自己的内心及外界的风沙与暴雨!四季里最值得纪念和珍视的是春天,然而那短暂的稍纵即逝的春天,它所经受的漫长的等待和辗转的煎熬却又如此残酷。但是我想，这也许正是人们艳羡春天、留恋春天、追忆春天的真实缘故了。风沙和暴雨是春天成长的胎记。

成长是内心的壮大，这种壮大并不是一种凯歌式的莺歌燕舞的进程，而是一种艰难的常常在沉默的自我检视之中进展的过程。成长之中的沉默，不是封闭、逃避、与世隔绝，不问世事；沉默是一种内心的力量，是不见形迹的精神上的锤炼与富有。沉默会逼使一个人进入一种广阔的孤独，将自己置于内心之中，仿佛窥视和探索外界一样窥视和探索自己的心灵。而一个人成长的最重要的标志正是自我的觉醒：此时自我从混沌和懵懂中挣脱出来，清晰地显现在心灵的镜子上。一个青春的、活跃的、外向的生命，有足够的刺激和诱惑引他到外在的世界中去追索，却往往十分轻易地忽视了自己心灵的丰满，忘却了"内心"这桩更为庄严、更为紧要，也更为艰难的使命。中国的文化传统，特别注重"内外双修"。"内修"，教你去修持自身气质，涵养情操，面对你自己的内心，去思索，去拓展，去充实；而"外修"，则教你应对外界的才能，教你如何从容自得地在纷纭世事中适宜地行动。内足以修养身心，外足以应对尘事，内外达到一种自在的和谐与尽善尽美，是一件极其艰难的事；可是"虽不能至，心向往之"，它总是我们追寻的一个诱人的理想境界。

"少年不识愁滋味,为赋新词强说愁。"一个年轻的心灵,轻飘，自由，满是烂漫的幻想，全然是不谙世事的少年情怀。人生对于他们，是尚未开启的帷幕，生命初始的脱离现实的圆满与顺利，使得他们的眼里满是玫瑰色调的世界，他们并不知道，也不屑知道，那只是用梦幻的青春之藤编织的虚渺花环！可是这花环是很脆弱的，几乎经不起轻轻的一击；几乎每一个少年走向成熟的时代都注定要遭遇这样的现实的劫难，这样冷酷而刻骨铭心的打击，这样纷纭芜杂的人类之网。我还记得我在十七八岁写的幼稚的诗作，苦楚，伤感，灰暗，怨尤，落寞，晴明的童年风景时常闪现，那是在仄陋的现实压迫之下心灵的自然回归。有一本诗集被冠以一个意味深长的名字："雪之融"。在一个理想主义的浪漫诗人眼里，雪是圣洁的象征，是天使，是一尘不染，是纯真无瑕，完美无缺。但是雪并不因为其圣洁美丽而免于其消融的命运：在银妆素裹、至纯至洁的下面，也许掩盖着暗晦、污浊与腐朽，那个虽不完美却更加真实的世界，会在大雪消融之后重新显现。如果我们不该对雪的出现有着过多的幻想、期待与赞美，那么我们同样不必面对雪的消逝与真实世界的显露而绝望和埋怨。这个并不完美的世界，就是我们必须理解和生存的空间，这是一种不可逃避、不可摆脱、不可放弃，也不可否认的宿命。在那些对于我的成长有着极为重要意义的日子里，我在艰难的自省中说服了自己，极其痛苦地认同了这个并不完满的世界，它在我的心灵中留下了永久的值得纪念与感怀的印痕。

但是接受现实并不意味着放弃梦想。在庸庸碌碌、纷繁琐碎的尘世生活中，放弃梦想无异于心灵的真正的死亡。梦想，尽管有时被人们以"不现实"相讥讽，然而"哀莫大于心死"，梦想是人类精神深处一种最有力的支撑——它可绝不是自我安慰与自我麻醉，也不是一种虚幻的偏执，一种内心的迷乱；它是我们赖以生存并使心情平和而充实的一种信仰，是一个强有力的支柱，是使我们在人生现实的凄风苦雨中仍然能屹立不动的坚实的寄托。如果说现实教会我们如何在尘世浮沉中驾驭平衡，那么，梦想则是我们心灵深处的一面桅杆，它有它自己的目的，自己的价值判断标准，与外界的安身立命、富贵荣华毫不相干。他让我们以平和宁静的心态面对人生之中的盛衰沉浮，在心灵的深处葆藏着充盈、信心和期待。有了这样的信念的支撑，我们也许就可以参悟圣人所谓"饭疏食，饮水，曲肱而枕之，乐亦在其中"(《论语·述而》)的境界,身外的困厄与艰难扼杀不了也阻滞不了内心的安宁、淳厚与和谐。

毛泽东在年轻时代有一首极古雅激昂的诗,其中六句说:"丈夫何事足萦怀,要将宇宙看秭米。沧海横流安足虑,世事纷纭何足理。管却自家身与心,胸中日月常新美。"(《七古·送纵宇一郎东行》)在这里,自我超脱于纷纭世事之上,身心自在,胸怀坦荡,乐在其中,正与禅宗所谓的"境由心造"暗合。超脱并不是怯懦的回避,也不是不谙世事的天真;甚或相反,如果不具备面对现实的大勇,没有对世事的深刻洞察,没有坦然宏大的胸襟,便很难说得上真正意义上的超脱。超脱是建立在对"不完美的真实世界"的深切体悟之上的重新回归,回归到内心的梦想,回归到自然和谐的本我,返回到不曾被沾染和扭曲的原初状态。他同现实世界谨慎地保持着合理的距离:既不是羽化登仙、遗世独立,与现实作彻底的隔绝(这是一种浪漫主义者的空想),也不是与现实作简单的中庸的妥协,在现实的夹缝中苟延残喘(这是许多庸碌的世人在无奈中所作的可悲选择);他坦然生存在真实的世界之中,并对真实世界抱着相当深刻的体察与认同,而不是简单的弃绝、怨尤和嘲讽。但与纯粹的现实主义者不同的是,他并不留恋纠缠于现实生活的琐碎与纷繁,而是时时怀着超然的眼光观照人生之中无处不在的美妙风景。于是在梦想与现实之间,在自我与外部世界之间,他得到了某种内在的均衡与和谐,于是不完美的现实在他的心灵之中得到了完美的实现。

一九九八年五月初稿
二零零零年五月五日改定

自省和感知:创造内心的秩序

临近黄昏,照例是幽林曲径之间的悠闲的漫步,此时燕园里的雕梁画栋亭台楼阁都隐没在渐黑的夜色之中,未名湖畔行人寥寥,衬托出一片深沉而广大的寂静空旷,让人似乎可以听得见整个园子均匀、神秘、沉重的呼吸。这样的独步的时刻,在我,是一种不可分享的快事。此时,或意兴遄飞,思绪如潮,或心底空灵,顾盼自如,此间所感受的自由与惬意,真是"不足为外人道也":这是自我与心灵亲密地交谈的时辰——此时,世界在你面前隐没了,自我清晰地展现在你内心的帷幕上,如同月亮投影于平静的湖面。

人生的成长并没有一个一致的模式可以引为榜样。我们时常可以看到一些禀性内向的少年，在他们十六七岁风华正茂的时候，经常处于一种忧郁、寂寥的情绪之中，怀着郁达夫所谓的"水一样的清愁"。不消说，这种情绪里面含着许多病态的成分，而他们往往又把这种哀愁、孤寂、沉重的情绪加以诗意地夸大，使得他们对于这个世界产生一种近乎绝望的悟解。当然，这种在梦幻中诞生的忧伤还不足以摧毁一颗正在茁壮成长的、向着多种可能性发展的年轻的心灵，他内心里除了抑郁、感伤和惆怅之外，还有暴烈、狂热、进取，宛如一头年轻的雄狮，怀着满心的抱负，踌躇满志地要去征服，既征服这个世界，也征服自己的内心。自然，征服的过程充满着不可预测的艰险，但是征服本身就是一种自我克服的健康的心态，它往往引领那些歧路徘徊的少年跋涉出那片带着失意、悲凉情调的"青春沼泽地"。在这个过程中，年龄是一种看不见的代价，在人生的某个阶段，你会像脱壳的蝉、出茧的蝴蝶一样自然而然地进入一种清明、理性、通达的境界，这是不需要急躁的，更不必强迫。

但是也有一些天性活跃、开放的少年则根本就没有那些带着青春印记的特殊病症，他们外向的性格早就预先摒斥了它的存在。从某种意义上来说，这的确可以称得上一种幸运的逃脱，它以极健康的方式避免了人生成长初期那场痛苦的炼狱。但是也就是这种轻易得来的幸运（不管这种幸运是由于自己的本性还是外在的环境使然），无意中却使他们失去了审视自己的内心、向内心寻求拯救与解脱的机会。内心敏感而丰富的少年，时常耽溺于内心的对话之中，在各种心灵的羁绊中寻求解脱，在各种情感的困境里寻找慰藉；而性格外向开朗的少年，则不必为这些烦恼所纠缠，这固然为他们省却了许多心灵的坎坷历程，但是也因此丧失了认识自我内心的良机。一个人在成长中，向外的征服与拓展固然是必要的，外面的纷繁丰富的世界固然也是灵感的无尽的馈赠者；但是，所有的外界的征服都不能代替内心的真正的壮大，只有向自己的内心去探求，使自己的内心深处臻至完全的和谐与完美，一个人才会对自身以及外界有一个真切的感悟。现在的物质世界，有着强大的不可遏止的诱惑，使人们沉醉于对外在世界的探求与迷恋之中而不能自拔，真正丰富的内心世界却遭遇冷漠和忽视。人们秉承了千百年来的古老的习俗，因袭着那些腐朽的生活规则，负担着物质世界所给予的种种重压，一如既往地生存、挣扎，以一种庸俗的、呆板的，毫无生机、光华与创造力的方式应对生活，在我看来，是极其可悲的事情。逃脱外在世界陷阱的唯一方法，是丰满你自己的心灵，挖掘你内心深处的宝藏。到那时，你不但可以认知与适应外部的世俗世界，更重要的是，你将拥有更深刻、更丰富、更纯净、更敏感的心灵世界；你不但可以达到征服外界的傲人成就，你更可以成为自己内心的王者。所以我们要留有足够的时间与自己交谈，思索自己，将自己陷于一种孤寂的境地。一个从来没有体验过寂寞的人永远也不会有丰满的内心世界，唯有能够承担广大无边的寂寞的心灵才能够有面对内心、审视内心、观照自我的机会，才能够经受精神的炼狱而达到更高的人生境界。

成长是一个艰辛的漫长的历程，一个时时感受到自己的成长的人是幸福的，他会时常以超脱的眼光来省视自身，感悟到自己的心灵的境界一天天变得广大开阔。只有平庸的人才不会觉察自己的成长，才会对自己内心的一切生动、精彩、丰富的开展无动于衷。他们处于一种懵懂无知的状态，顺时漂流，从不关注自己内心的工作，不关注自我的胸襟、气质、风韵、格调的培养，不会去体味内心一天天地丰满与成熟。他们或是没有足够的心力与智慧，或是被外界的环境所牵绊，使得他们永远不会注意自身成长的韵律，既不为自己的成长而担忧，也完全不懂得欣赏伴随着成长而来的种种绚烂精彩的风景。一个人，要成就一种高的境界，就必须时常将自己置于一个空旷的寂寞的境地，于静夜之中省察自己，感受自然和内心不可捉摸的秩序，甚至为周遭的环境和自我创造一个良好的秩序，以内心感知的力量去解悟生命里的诸多奥秘。

我们还要以一种异常谦逊的心意去"学习"。这种学习不单是知识上的拓展，而是一种更广泛意义上的学习，一种对于你所接触的人或物的敏锐的感知。在这感知里面，要秉持着一种异常虔诚的心情，去向周围人们中那些优秀的人格学习，向每时每刻都在运动着的自然汲取智慧；这样，你的内心的寂寞的工作就会同更加廓大的世界相联结，你不但可以从学习中领悟到生命的诸种形态——那些丰富多彩的可能性，那些在你自身的生命节奏里并不具备但同样精彩的存在形式——而且可以获得另外一种更加必要的知识，那就是理解周遭的世界，并使得自己的内心与他们达成和谐。有多少处于青春期的少年为自己的内心与外界的深刻冲突而深感苦恼！这个世界以自己不可违逆的节奏运行着，自然，我们历来被教导要征服和挑战这种节奏，与这个世界早已造就的秩序和规律相对抗。然而，我要说的是，在大多数时候，我们要学会如何去顺从这种秩序，尊重这种秩序，将自己的内心生活与广大的世界相和谐、相融洽。经过长期孤独的历练，经过内心无数的争斗，经过自我与外界屡次的碰撞与妥协，一个人才会有一种从容的心态，臻至一种澄明的境地，成就一种宽宏、精进、沉静的襟怀。

一九九八年二月

生存的从容与悲剧性的陶醉

我在深夜里展读一封来自南中国边缘的信,这封信写得极干净,我可以想象这位亲密的友人在灯下怀着遥远的思绪写信的样子;在这样的深冬,在北方干燥的散发着粗朴气息的冬季之中,得享一种温润柔和的闲适,在我是极为幸运而难得的。但是这略带忧伤的信笺也引发了我心底隐隐的不安。这位北大毕业之后在南方已经独自生活了四年的朋友,在信里写道:"四年多我没有摆脱虚耗生命的惶惑。"我深深了解朋友的卓然不群的禀性,从我的内心愿望而言,我并不希望朋友因环境的压力而改变率然的个性,不希望他与世漂流,泯然众人。我在回信里宽慰他"特立独行的人总要付出代价,他们是幸福的所谓不幸者,而有些人是不幸的所谓幸福者",尽管如此,我还是想极力说服他与周遭的环境达成妥协。这是我内心的一对悖论。

  我可以想象朋友只身来到不熟悉的南方所带来的困惑:那不仅是一种带着淡淡的忧伤的乡愁;在笼罩周身的孤寂无援之中,回忆弥漫飘散在所有的情绪里,甚至使得自己不能同崭新的环境达成最低限度的认同。过往的记忆是极其顽固的,它构成我们以往生命的一部分,而且成为我们所有气质、禀赋和对这个世界认知的源泉。而这种顽固的记忆的危险性在于,它会磨蚀我们对于当下生活的信心,动摇我们组织一种全新的生活的可能性,它所带来的心理上的倾向是显而易见的:我们往往因此拒斥我们所不熟悉的环境和生活方式,怀疑眼前的生存的合理性,它使得我们游走于世界的边缘,找不到可以让内心感到安详的栖身之所。在《归去来兮辞》中,陶渊明曾经苍凉地发出"胡为乎遑遑欲何之"的诘问和浩叹,那是一种对于生命终极目的的致命的犹疑,那种心灵漂泊游走不定的焦灼感,足以消磨一个年轻的生命的所有信念,在那些弥漫狂躁不安气息的没有归宿感的日日夜夜,我们于彷徨之际蹉跎了我们的少年岁月。一个人的生命,首先要有一种生存的从容感，一个在当下的生活之中焦灼不定的人，很难冷静而清醒地审视自己的真实的存在，组织一种崭新合宜的生活方式。这里面潜伏的危险也是显而易见的。

我并不是危言耸听。当诗人里尔克告诫青年"忍耐是一切"的时候，他是要让我们感悟，生存本身从来不会是完美的，一颗内心敏锐、脆弱而躁动的年轻的心灵，应该学会以一种安详的姿态来面对生活，这种安详的姿态可不是慵懒、漠然，而是一种极端的隐忍，对于苦难的担当，对于尘世之中所有烦扰琐屑事物的宽容。他让我们感悟，生命是悠长而丰富的一个过程，在这个进程中，我们不必期待或奢望任何奇迹，尽管我们没有放弃所有的梦想与渴望；我们不必为庸常平凡的生命感到焦虑不安，因为在任何庸常的生命里，我们都有组织和创造一种特别幸福与合理的生活的可能性。生活教会我们隐忍地担负生命之中那些静寂的节奏，那些似乎贫乏的没有光华的岁月，在这些岁月里面，尽管没有什么奇迹显现，但是我们没有被平庸的生活所磨折，我们勇敢地承担了造物者赋予我们的命运，为生命中某些一瞬间闪现的精彩的奇迹做了坚实的准备。我们忍耐，安然而且充实地安排我们的生活秩序，这种秩序必定与周遭广大的世界的秩序相联系，相契合，相印证，相支持，而不是相反。我们内心有一个秩序，这种秩序是我们个体心灵的天国，是不可以传达，不可以诠释的，也不需要更为广大的同情，不必寻求更为普遍的理解；而我们的外部的生活秩序却注定要成为这个宇宙运行的组成部分，而绝不会孑然游离于这个世界之外。

这也同样显示出一种职业的重要性。我们拥有一种可以足够支撑生命的职业，这是一种正当的、可以言传、可以触摸的生存方式，我们万不可以忽视职业所带给我们的安定感。所有习惯于校园生活节奏和人际秩序而对呆板枯燥的职业生活抱有敌意和倦意的人，恐怕都没有真切地体会职业本身的含义。自然，任何一种职业，从表面上来看，似乎都是天生与人的本性相违背、相抗衡的。职业本身所包含的秩序感，那种不以个体意识为转移的固定的运转模式，那种永远是有条不紊的没有变化的单一的节奏，是许多年轻的心灵所不能忍受的。青年所梦想的带有挑战性和新鲜感的、变动不居的、诗情画意的生活图景，在职业里必然得不到实现；因而职业似乎注定是梦想的桎梏，是扼杀所有鲜活的创造力的刑场。然而，职业首先是一种可以依托可以言传的生存，职业使得我们履行我们在尘世的义务，印证造物者所赋予我们的凡庸生活的光荣；而更重要的是，职业从来不是幸福生活的障碍，一个在庸常的生命和职业所规定的秩序中不能呼吸自如的人，决没有组织一种和谐、稳固、安详生活的可能。所以，尽管我们也许有一千条理由厌倦我们所从事的职业以及周遭的环境，我们还是应该尽最大的努力去理解和认同职业中所蕴含的意义，理解在职业的功利性作用之外所给人的一种可以触摸和依赖的存在感。而实质上，尘世中正常的职业所包含的意味，使得它比单纯的艺术职业更有可能使人建立一种合理的生活秩序。人生之舟在这样平凡而没有波澜的航程中行进，但是一个真正的热爱生命者，却往往是从生命的"绝对无意义"中获得一种尼采所谓的"悲剧性陶醉"——人生诚然是凡庸而平静的，但是生命敢于承担自身的无意义而不悲怨哀叹消沉堕落，而是隐忍坚韧地生活下去，这本身就是一种生命的骄傲，是心的力量，是不可征服的意志力。所以我从来赞赏坚忍不屈的人，佩服那些在平常的琐事中仍感到兴味无穷全力投入的人，他们真是参透了人生的真谛。

一个内心独立的人，一个拥有不同凡响的个性的人，可以保持一种卓然不群的心态，但是也很容易自艾、封闭，不能与他人形成同情意义上的沟通，而是执着于自己的内心，游走于世界的空虚的边缘，冷眼观看尘世中的烟云起落。

只有当我们用全心的力量投入生命中而不仅仅是为了摆脱或逃避当下的生活而去寻找出路的时候,我们才会真正从容地面对自己,客观地审视自己眼前的状态,清醒而自信地选择自己的道路,把握自己从而结束心灵漂流歧路彷徨的心态。所以,我愿所有热爱生命的人,从明天起,爱你周围的人和事物,爱你所从事的每一件细小的工作,仔细地精心地勇敢地承担起一切责任,用温柔的眼光打量尘世中的一切。这个时候,你会觉得,即使是一无所有,只要能够呼吸,能够享受白昼宇宙的生机与黄昏落日的光辉,能够与素心的朋友默契倾心地交流,能够拥有一种安定的有意义的生存方式,能够心静如水地生活、回忆和梦想,就已经是一件异常美好的事情。我们应该为神明的这一切赐予表达我们的感激,而此时你内心的宁静与充盈会胜过世界上所有的幸福。

一九九九年十二月

爱:虔敬而沉静地等待

生命的历程其实是我们的信仰得以确立、壮大和变迁的过程,这个过程几乎是在不知不觉中进展着的,许多心灵上的巨大嬗变在我们的生命里酝酿着,而我们却混沌无觉,直到某一天蓦然回首,才会照例地悚然惊奇。

在为成长而焦虑彷徨的少年时代,我们难以明白生命其实是不需要任何急迫的:它有它特有的、神秘而静谧的节奏感。把生命比拟为一条河流是适宜的:生命的初始恰如一泓清澈透明的细小泉源,天真烂漫,活跃动人,饱含着生命原初的活力,那是清浅而真纯的孩童时代;而后是寂静的缓慢的川流,仿佛担负着沉重的运命,沉默着,苦痛着，为日后的蓬勃的成长积蓄着力量与激情，这是被青春的乡愁所笼罩的少年时代；接着是澎湃汹涌的河水拍打堤岸，发出伟大的、沉雄有力的吼声，那是生命高潮的力，喷发，洋溢，浩浩荡荡，无可阻挡，这是激情迸发、意志成熟、自信坚毅的青壮年时代；最后是一股气度雍容的宽宏的大水，是纳了百川之后的丰满与坚韧，然而却不再有不可遏制的激昂的情绪，而是稳健，忍耐，怀着深沉的宿命感，仿佛经过百回千折的坎坷之后终于找到了归途，从容平缓地融入大海。这是生命本身的不可违逆的节奏，我们既不可以急躁，也不能够惰怠；惰怠固然不会有完满的结局，急迫的拔苗助长却更加有害于收获。诗人里尔克将人生比喻为树木的成长。他说，生命"像树木似的成熟，不勉强挤它的汁液，满怀信心地立在春日的暴风雨中，也不担心后边有没有夏天来到。夏天终归是会来的。但它只向着忍耐的人们走来；他们在这里，好像永恒总在他们面前，无忧无虑地寂静而广大"。所以，在生命中没有到来的驿站前，我们只须怀着十分虔敬而沉静的心情去等待，用心灵的一切激情与向上的感知的意愿去等待，去期望。

可是许多在青春的沼泽地里跋涉的少年，却往往把情欲当成情感，把好奇当作眷恋，于是在自己编织的并非真正意义上的"爱"的窠巢里梦幻，在不安的漩涡里盲目而狂躁地旋转，颠倒，迷醉，不但完全扭曲了爱情的面目，而且为爱情真正的庄严的展开设了一面看不见的网障，留下不可弥补的遗憾与创伤。爱在他们那里，变得如同急躁、不安的猎物，充满着情欲的期待，粗糙，随意，混沌，而不是精纯，郑重，清澈；而那个追逐猎物的猎手，却完全忘记了爱情的本来含义，只将内心洋溢迸发的情欲当作刺激，把猎奇当作乐趣，将爱情作为一种可以随时享用的东西来品尝。古典主义对于爱情的所有神圣、纯洁、浪漫的教条在一瞬间都被所谓"后现代主义"所鄙视、漠视和抛弃，而代之以看似潇洒的无所谓的姿态，视爱情为纯粹的情感游戏。游戏固然超脱而轻松，可是同时也有"生命中不能承受之轻"，那是玩世之后的空虚，是心灵失去驻所之后的轻浮躁动，是对人的存在本身的彻底否定。一个尚在成长中的少年，生命的许多精彩、深邃的场景对他还没有展开，在这个时候，倘若他过早地以玩世的态度面对人生中的爱情，那么他注定会在无意中丧失许多宝贵的情感，而这些情感是应该怀着百倍的虔诚、郑重与耐心去等候、去构建的。如同等待一枚果实的成熟，又如等待一粒种子的萌发。这是一个水到渠成、瓜熟蒂落的过程，纯净，自然，里面没有意志的强力,也不掺杂狂醉的猎逐,它只是静静地如同赴约似的到来,但在它到来之前,我们要付出许多的期待、体验、磨炼与准备。如果你在感受你内心情感的波澜,那么你应该欣喜,应该加倍地珍惜、呵护与抚慰;而决不能游戏,更不能放纵。游戏与放纵只能以加倍的牺牲与付出作为抵偿。

"爱"是一个过于庞大而深奥的题目。对于爱,我们大可以从古今中外的经典中找到成千上万的理解和感悟。你读了以上的"荒诞不经"的话,会觉得这是一个不可救药的理想主义者对于"爱"的早已落伍于时代的自白。理想主义的爱的丧失,是我们这个注重功利而忽视心灵的社会的重要特征,是人类理想在现实的物质压迫之下不可避免的堕落。我们可以看到许多尚处于青春花季的少年,过早地摒弃了梦想,被沉重的世故和世俗的欲念所裹挟、俘虏和占据,以实用主义的功利的眼光来试图建造爱情,这是极其可悲的事。能够梦想并且可以梦想的年代,在人生里只是一瞬,如同流星的闪光,绚丽而又短促,失之不可复得,所以才更弥足珍贵。也许当我们有了更丰厚的生活历练之后,会带着一种嘲笑的眼光回顾我们所经历的情感路程,在那些歪歪斜斜的看似幼稚的足迹前发出轻轻的感叹;

但是我们绝不会感到不屑，更不会空虚。你将欣慰于你曾经拥有过、迷恋过、品尝过的梦想，你将追忆那些不可复得的带着特有的青春浪漫气息的时日，那些被虔敬、梦幻、追寻编织成的饱满而清澈的岁月。

但是在保持理想主义的爱情观念的同时，我们永远也不要奢望爱情的历程会是一帆风顺的，不要奢望爱情会永远是花前月下莺歌燕舞；对于爱情带给我们的情感上的不幸遭遇，每一个少年都要有清醒的意识。实际上，几乎没有人能够完全逃避爱情带给人的苦难和彷徨，而一个年轻的心灵也往往正是通过这种惨痛的情感阅历才对人生和爱情有了更为深刻的解悟。在忍耐里学习爱，在苦痛里学习爱，是所有正在爱情的道路上跋涉的人们应该永远记住的箴言。但是，我们常见的情形是，处在情感危机中的少年，在理想主义的爱情世界遭到打击和动摇的时候，往往感到被爱情所背弃的失落和毁灭感，大多数时候，他们可能暂时选择一种颠倒、紊乱、荒唐的生活方式，渴望以此来解脱自己内心的绝望与空虚。在这种生活中，我们看似被他人实则往往被自己所抛弃，怀疑甚至憎恶原来奉为神圣的生活准则和信念，我们用更堕落更麻木的生活方式来蒙蔽自己麻醉自己，陷于手足无措之中，除了怨恨失意彷徨牢骚惆怅空虚之外无所事事；我们期待来自外界的拯救，一种自天而降的不需要艰辛便可以得到的救赎，如果得不到拯救，我们宁愿选择死亡。所有遭受情感创伤的少年，对于现实的残酷、对于人性的诡谲多端的变化都会深感困惑与迷茫，那种刻骨铭心的对于生命的绝望，摧残过多少曾对爱情怀着纯洁、神圣的期待的少年的心灵！著名翻译家傅雷，在写给儿子傅聪的一封信里，曾经就如何对待以往的情感创伤讲述他的心得："慢慢地你会养成另外一种心情对付过去的事：就是能够想到而不再惊心动魄，能够从客观的立场分析前因后果，做将来的借鉴，以免重蹈覆辙。一个人唯有敢于正视现实，正视错误，用理智分析，彻底感悟，终不至于被回忆侵蚀。我相信你逐渐会学会这一套，越来越坚强的。对于感情的 ruin，要把这些事当作心灵的灰烬看，看的时候不免感触万端，但不要刻骨铭心地伤害自己，而要像对着古战场一般地存着凭吊的心怀。"我愿所有曾经经受爱情坎坷的人都能从这意味深长的话语中得到宝贵的教益。

爱情的经验对于任何人生而言都是极其珍贵、不可或缺的记忆。但愿我们把这些美好记忆的痕迹镌刻得更深刻些，更圆满些！爱，应该使人生变得更加澄澈，她为对方展现出一个更加广大的世界,一个心灵被另一个心灵所开启,所激发,所浸润,两个心灵因为相互的呵护和温暖变得更加圆满,更臻于一种丰润富饶的境地。永远要记住,爱从来不是一个人不能够忍耐寂寞而寻觅的庇护所,爱是两个彼此信赖的心灵的汇合,他们以各自的人格相互区分,又以极其诚挚的心情相互敬重和珍爱。爱是诚恳真醇的情感,它是温柔的,亲切的,愉悦的,也是勇敢的,谨慎的,坚忍的,刚强的;爱又是自制的,贞洁的,正直的,它不谄媚,不轻薄,不虚荣;爱又是恒久的,安详的,充满激情的期望与虔诚的等候,而不是流于感官的冲动,不会在狂乱和迷醉中丢失自己。即使在苦痛甚至苦难中,我们也要永远寄信心和希望于它,因为"没有苦痛就不足以试验爱的生活"。

一九九八年三月

爱与欲：一种诗化哲学的观照

——读奥·帕斯《双重火焰》

考察爱情在我们时代话语里的地位的最佳视角莫过于审视我们时下流行的出版物。与汗牛充栋的挖掘"情感隐私"以及探讨人类性行为与性变态的文字相比，爱情主题日益显出"门前冷落车马稀"的凄清与孤寂；即使我们不必夸张地断言其为"我们时代的灾难"或是"我们文明的终结"，可是爱情的备受冷漠本身，至少意味着一种我们曾经深为推崇并奉为神圣的情感方式与生活方式的消逝。正是在这个意义上，帕斯这部以极其郑重而诗意的笔触剖析爱情哲学的缜密、优美、深邃而沉重的著作才显得如此弥足珍贵。

这不是一部处于青春期的抒情诗人于心潮逐浪之时挥就的关于爱情的颂歌，而是由一个风烛残年的老人奉献毕生的沧桑阅历与独特解悟凝结而成的爱的哲思。帕斯，这位墨西哥人引以为傲的处于时代思想巅峰的诗人，试图以一个绝妙的比喻揭示"性欲、爱欲、爱情"这个巨大的主题。在人类的生命之火中，性欲燃起最初的强劲火焰，那是一束爱欲的红色火焰，而后又升起另一束摇曳不定的蓝色火焰为其助燃，那是爱情的火焰，而爱欲与爱情，则构成生命的"双重火焰"。在爱欲与爱情之间因强烈冲突而形成的巨大张力被一种更高的和谐所消解：爱欲是生命的原始冲动，它逐级上升到对至高之善的审视与认同，而在生命火焰的巅峰之处，灵魂达到最大的净化与完整性，爱情中的两性体验到真正圆满的生命节奏。

千百年来，在西方与东方富丽堂皇的文学殿堂中，矗立着令人眼花缭乱的理想恋人的雕像：达芙妮与特洛伊，厄洛斯和普赛克，卡利斯托和梅莉贝伊，宝玉和黛玉，夕颜和源氏，罗密欧与朱莉叶……他们是所有时代人类欲望、梦想、担忧和困扰情结的结晶。从某种意义上说，爱情的历史不仅是一种受到社会现实制约的激情的历史，而且是一种被哲学家和诗人的各种文本所赋予的形象的历史。因而，帕斯以巨大的篇幅编织的具有"爱情考古学"意义的对于爱情理念的钩沉索隐，得以使我们透过历史的帷幕来检阅"爱情"的起源与变迁，跨越时空的障碍去探讨爱情的命运和归宿。

从发源于古希腊的以柏拉图为代表的爱情哲学，到忒奥克里托斯的爱情诗篇，从克维多的《生死恋》到罗马黄金时代的哀歌，我们可以看到"爱的史前史"的那种带有古典意味的完美的节奏；从发源于法国普罗斯旺省的典雅之爱所赞颂的既是肉体又是精神的神秘情感，到基督教会所热衷的对于肉欲的摒弃和对贞洁的无限推崇，以及从印度瑜伽术到中国道教等东方道德所秉持的独特性爱观念，我们可以感受爱情作为一种道德伦理谱系所经历的冲突和变迁；从但丁、莎士比亚到蒙田、普罗斯特，从亚里士多德、伊壁鸠鲁、康帕内拉到尼采、弗洛伊德、黑格尔，帕斯以其精渊的学识为我们展示了以爱情为主题的一阙巨大交响，使我们得以窥见爱情作为欧美文学与哲学的主要激情在西方的展开与变奏。

柏拉图被帕斯称为"第一爱情哲学家"，在其著名的对话《斐德拉斯篇》和《会饮篇》中，第一次以理性思维的形式探讨爱情。而后者的双性同体神话唤起我们对爱情的深沉共鸣：作为人类，我们都是完整的人，爱的欲望也就是爱的真谛，是对于完整性的渴求，一个恋爱者因而可以在他的爱人的灵魂里"生成知识、美德和对美、正义、善的敬重"，这是女祭司狄俄提玛给予苏格拉底的深刻省示。但是帕斯并没有为这个发现而陶醉，而是始终对女祭司的话带有某种怀疑。柏拉图的"爱的阶梯论"尽管最终将肉体之爱导向对"绝对美"的爱，但是残酷的是，在这个爱的阶梯中，我们所爱的男人或女人的情感被抛弃在外，被爱者仅仅被看作通向纯粹理念的最高阶梯的一阶而已，这就是为什么帕斯认为尽管柏拉图的爱情绝对理念异常崇高，但却可能沦为爱情哲学的唐·璜（Don Juan）的原因。

　　帕斯认为，对肉体快感的严厉谴责和宣扬贞洁，认为这是通向美德和至福的道路，这是柏拉图将肉体和灵魂分割的自然后果。对于柏拉图和基督教义中谴责肉体爱欲，从而认为它是反对精神的一种罪孽的见解，帕斯始终持着明确的反对态度。在他看来，人类真正的爱情既不拒绝灵魂也不拒绝尘世，没有灵魂与理念诚然没有爱情，然而没有身体也没有爱情，"通过身体，爱情成为色欲，从而与最巨大的和隐藏最深的生命力交流"。帕斯认为，就爱情的本质而言，它只是一种灵魂和身体所迸发出的吸引力，而绝非一个理念的吸引力,"它始于自身并终于自身,它对任何超然境界都不感兴趣"。柏拉图主义只是将爱情作为通向自我理念完善的工具,而帕斯则坚守着爱情作为拥有自由意志的独一无二的"人"所应享有的精神自由与人格独立。

深感于现代社会意识中存在的精神与物质、灵魂与肉体、信仰与知性、自由与必然的严重割裂与尖锐对立,帕斯给予爱情中的异化现象以异常强烈的关注。帕斯所看到的,不仅是黑格尔早已宣称的"作为爱情基础的巨大悲剧性悖论",即爱情不能抗拒时间与分裂,他更深刻地洞察到,爱情同时包含着对生命的强烈欲望和欲望的泯灭,爱情并未排拒与征服死亡,而是使死亡本身成为生命的一个构成部分,"爱情就是回归故土,回到重聚的地方"。坚贞永恒的爱情将赋予一个会衰老腐朽的身体以有价值的灵魂特征,正是在这种精神力量的支撑下,情人们可以无畏地直面死亡,而在爱情的极度欢乐之中,爱人们将"在此岸世界一瞥彼岸世界的光辉"。

然而令人遗憾的是,在现代社会中,作为爱情根基的"人"的观念正遭受着致命的侵蚀。帕斯认为,"人"的观念不仅是人类政治与智力自由的源泉,而且是人类伟大的发明之一——"爱情"——的创造者,而当代爱情的衰竭正是人的观念和灵魂的观念堕落的结果,爱情形象的死亡在某种程度上预示着我们文明的致命内在缺欠与最终消逝。回归到人,回归到灵魂,回归到真正的爱情,这是帕斯以殷殷的忧患之情对于现代社会的深切呼吁与期待。

无疑,《双重火焰》充满了作为诗人和思想家的帕斯对于爱的睿智和洞见,然而,尤其值得一提的是作为这部书的第一个中文译本,译者严谨、细致的解读态度和准确传神的译笔,为这部情爱经典在汉语世界的传播搭起了一座通畅多彩的桥梁,十多万汉字的内容,一气贯通,文笔优美流畅,译文风格一致,首尾衔接无痕,天然浑成。

以帕斯的文化背景和知识深度,书中不仅频繁引用了英、法、德、西班牙、拉丁、阿拉伯语的原文材料,更是广泛地涉及了包括拉丁美洲文化在内的大量西方文化和文学典故,许多都是今日中国读者所不熟悉的。译者不仅将各语种的文字分别准确地译出,而且将书中所涉及的作家作品、神话传说、历史文化典故等,均作为译注随附于各章之后,仅仅从全书多达二百余条的说明注解中,便可见译者付出的艰辛劳动和对作者高度负责的学术态度。

在金钱利益驱动之下不负责任的译作泛滥的今天,译者所做的一切就更加显得难能可贵了。掩卷细思,《双重火焰》作为一部关于爱的历史和价值的哲思的精彩著作，其意义显然在于提醒读者，在关于爱情的"解构主义文本"充斥的时代，我们确有重新郑重"建构"爱情理念的必要。

二零零零年三月

诗人之梦:论诗歌与梦想

——再读里尔克《给一个青年诗人的十封信》

在寂静的深夜,倘若有穿透窗户的朦胧月光,此时捧读里尔克的诗篇,是再适宜不过的消遣,这个"我们的诗歌遗产中最孤寂、最难以捉摸的诗人",他所展示出来的意象永远是如此孤独,沉静,高傲,同时又是如此温柔,神秘,弥散着紫荆花一样忧郁而诡异的气息。

每一次深夜的阅读,那些出人意表的跳跃的意象以及诗句中透露出来的对于生命的寂寞的观照,每每给我精神上极大的慰藉,在诗歌观念上给予我深刻的影响。德国诗人和文学评论家施罗德对于里尔克有过极其精到的评价,认为里尔克的"出众之处在于温顺地探讨别人的特征、可亲的谅解和纯净的心灵，而这一切赋予这个生在城市、熟悉大城市生活的人以一种几乎是赤子般信赖别人的友善和正直的美感"。里尔克作为一个内心敏感的诗人，对于现世生活带来的压迫和人性中与生俱来的邪恶与丑陋当有更深刻更敏锐的觉察和感触，他的"天生的虔诚"与"赤裸的恐怖"往往交织在一起，而随着认识与经验的增多，他对于这个秩序混乱的世界的恐惧与疏离也在日益扩大与加深。没有一个内心龌龊丑恶的人可以成为一个纯粹的杰出的诗人，然而诗人在"孩童般仰视上帝"的同时，也会以一种悲悯的情怀注视尘世的残酷的现实。诗人瓦雷里在《怀念与告别》中说，里尔克是"世界上最柔弱、精神最为充溢的人。形形色色奇异的恐惧和精神的奥秘使他遭受了比谁都多的打击"。如何将自身充盈而剧烈的内心生活与凡庸琐碎的尘世节奏完美地结合起来，如何将梦想中的属于上帝的世界与生存其中的无望的现实和谐地组织起来，是每一个诗人都会遭遇的严峻考验。诗歌本身是一种梦想的产物，是诗人超经验的心灵体验，诗歌如同由词语和意象编织成的一张巨大的网，这张网对于诗人有着无比诱惑的魅力，使得诗人忘却或者故意逃避现实的生存而沉醉其中。在诗歌里，诗人犹如返回到母亲怀抱中一样感到安全、宁静与温暖。这就是为什么在那些优秀的诗人们的诗行中,我们常常可以读到故乡、母亲与土地这些熟悉、坚实、丰满但又充满怀旧与忧伤意味的意象,这些意象是诗人内心深处渴望寻求慰藉、逃避这个世界的混乱与无序、并回到一种类似于童年状态的心理象征。诗人将不可言传的内心的孤独与恐惧置于广大的回忆与想象之中,他对主宰他命运的造物保持着一种孩童般虔诚的仰视;对于生命,对于世间万物所形成的静穆而固定的秩序,他始终充满敬畏。对于诗人而言,自己身外的世界,那个不可言说的"自然",比人类自身"更为恒久和伟大,其中的一切运动更为宽广,一切静息也更为单纯和寂寞"。(里尔克《论山水》)

  但是每一个诗人都必然同时深切地感到,要维持内心与外界的完美和谐与稳定均衡是一桩多么艰难的事业,他必须在与心灵的搏斗中学会与万物妥协。他在诗歌世界中可以主宰和支配一切,然而在现实的生存和亘古不变的自然秩序面前他却只能作为一个接受者,以一种谦卑的姿态领受一切的不可逆转的存在。他得学习"忍耐"与"谦逊",学会在自然的更替和情感的变幻面前保持一种静默的顺从,这就是里尔克对青年诗人的"忍耐是一切"的宝贵训诫。在这个训诫里面,丝毫不包含内心的怯懦,每一个真正的诗人都不是因为怯懦才去忍耐，而是因为在这些卑微琐细的坎坷、打击与人世的浮沉之外，他有更伟大更永恒的期待，这些更广大的心灵的事业使他值得去放弃对于现世中暂时苦难的纠缠和抗争。他不诅咒，也不狂热地反叛，只是谦卑地顺从，与万事万物寻求一种宽容的理解，如同自然界的一棵树木遵从着大地的规律：它得学会在暴雨和闪电里从容地成长和生存。他不能因为暂时的困境和梦想的破碎而鲁莽地放弃。这样轻狂和暴烈的诗人还算不得最为优秀的真正令人敬重的诗人。

真正的诗人不是现世的逃避者，不是仅仅在梦想中寻找灵感的人。他们能够忍受瞬间的巨大的毁灭，所有的变故与不可预测的创伤都不能摇撼他的存在。在他的眼里，自然的运行如同上帝的律令，它不仅是一种宿命，更是一种珍贵的经验，在这些经验里诗人才会汲取一切的养分丰满他的存在，从而使他的诗歌与万物结为一体。正如里尔克所告诫年轻诗人的："去组织、去形成一种特别幸福与纯洁的生活方式；你要向那方面修养——但是，无论什么来到，你都要以广大的信任领受；如果它是从你的意志里、从任何一处内身的窘困里产生的，那么你要好好地负担着它，什么也不要憎恶。""若是你依托自然，依托自然中的单纯，依托于那几乎没人注意的渺小,这渺小会不知不觉地变得庞大而不能测度;若是你对于微小都怀着这样的爱,作为一个侍奉者质朴地去赢得一些好像贫穷的事物的信赖,那么,一切对于你就较为轻易、较为一致、较为容易和解了。"对于每一个在人生中刚刚起步的年轻的心灵,要紧的是以谦卑、恭敬和宁静的心去体会,这样,世界就不是作为他们的对立面而存在,而是成为他们灵魂中和谐的构成部分而存在,作为他们灵感的泉源而存在;世界以它的纷繁奇异的性质塑造诗人的内心生活,进入他想象的诗歌的空间。

从这个意义上来说,诗歌就不仅是梦想的产物,而且更是经验的荟萃。里尔克说:"我们应该一生之久,尽可能那样久地去等待,采集真意与精华,最后或许能写出十行好诗。"(里尔克《布里格随笔》)我们难以想象,一个刻意远避尘嚣、将自己的内心世界与外界丰富精彩的发生着的事物完全隔离开来的诗人,仅仅凭借想象的力量就会臻至诗歌的巅峰,领悟人生的全部细微而壮大的景象。作为一个真正的诗人,首先必须是一个生活的热情的投入者、细致而虔诚的观察者、潜心宁静的体悟者。为了一首诗,我们必须观看许多人和物的生存,"我们必须去感觉鸟怎样飞翔,知道小小的花朵在早晨开放时的姿态。我们必须能够回想：异乡的路途，不期的相遇，逐渐临近的别离"。我们还必须能够回忆童年的岁月，感受疾病中许多深沉的变化，想到旅途之夜，想到寂静小屋的白昼和海滨的黎明，我们还必须回味许多爱情的往事，倾听分娩者痛苦的呼喊，我们还要陪伴临死的人，坐在死者的身边感受那稀有的气息……里尔克心目中的诗歌，是集聚了生命中所有真实纷繁的体验——欢乐与悲怆，寂寞与狂热，生存与死亡——而凝结成的一种语言。诗歌固然是对现世的超脱，但是不仅如此，诗歌更是尘世的声音所合奏成的天堂的音乐，所以我，作为诗歌的亲身经验者，始终坚信"尘世是唯一的天堂"；有多少敏感而脆弱的诗人因为不堪生活的重负和压迫而过早地放弃、终止自己对于生命的体验，因为不能忍耐梦想与现实之间不可逾越的距离而殉葬于自己的想象。诗歌在他们那里成为一种谶语，成为宿命，成为与现世对抗的一柄盾牌。

然而真正的诗人的梦想却只是他们生命历程的引导者和看护者，梦想不是用来毁灭人生的，而是用来照耀人生的，犹如无边的黑暗之中一点灿烂的烛光。在我的心目中，诗歌是生命丰富性的折射，诗歌教会我们更优美地演绎那些不可言说的生命的隐秘，诉说我们对于广大的自然的敬畏和对流逝的时间的珍视。诗歌教我们尊重并服从一种自然的秩序，它静悄悄地在我们的生命里展开，不能急迫，不能在时间的进展中无所适从。里尔克为青年以及青年的诗人树立了一个恒久的亲切的榜样，让我以他的一段精彩的话作为本文的结尾，那是这部充满哲思与诗情的文字中的精华之笔，也是我曾经上百遍地反复玩味并受益无穷的：

> 艺术家是：不算，不数，像树木似地成熟，不能勉强挤它的汁液，满怀信心地立在春日的暴风雨中，也不担心后边有没有夏天来到。夏天终归是会来的。但它只向着忍耐的人们走来；他们在这里，好像永恒总在他们面前，无忧无虑地寂静而广大。我天天学习，在我所感谢的痛苦中学习："忍耐是一切！"

一九九八年底初稿
二零零零年五月三日定稿

从容的坚守与高贵的疏离

"岁月极美,在于她必然的流逝。"尘世中许多令人难以预料的变迁每日在我们生命里上演着,许多令人惊诧莫名的嬗变在发生着,我们却并没有觉察。待到翻看过往的记忆的时候(或由别人的眼光来看),才会照例地悚然一惊。一个人,在环境和心境的迁移之中不知不觉地改换着自己的面貌和心态,改变着自己和周遭的关系。而一个人内心的特立独行卓然不群是很可贵的,他自然要经历许多的创痛和磨折,但是假如他放弃这种坚守,他将感到更大的痛苦。一种背叛的痛苦。一种无所依凭的痛苦。一种被割裂被戕杀被遏制被窒息的痛苦。

但是坚守的前提是内心所秉持的从容感和愉悦感,我们必须首先在这种坚守之中找到一种均衡的幸福感。这种幸福不包含任何压迫和矫揉造作,它从容,镇静,和谐,安详,自得。他要深深地理解周遭的世界,并使自己的内心与它们达成一种宝贵的缄默的和谐。有多少处于成长期的少年为自己的内心和外界的深刻冲突而深感苦恼!这个世界以自己不可违逆的节奏运行着,对于一个有着不可救药的诗人气质的人而言,要学会顺从这种既定的秩序与节奏,要将内心与广大的世界相融洽,相和谐,是一桩极其艰难的事业!他可以完好地保留自己内心的气质,弃绝世俗的规范和游戏规则,但是他很难与周遭的环境达成一种和谐和认同。环境挤压他,他同时压迫环境,他感到自己的行为方式与周遭的一切存在着不可调和的冲突,而达不成一种妥协。自然,要环境向一个毫无影响力的脆弱的个体心灵妥协是不可能的,因而答案似乎是不言自明的。

一个具有诗人气质的人的不幸也在这里。似乎唯一的出路便是弃绝一切,与这些世俗的束缚和规则斩截地割裂,去抗拒,仇恨,嘲弄,鄙弃。然而这一切手段并不会达到预期的效果。当诗人弃绝世界的规则的时候,世界也弃绝了他们。真正的诗人,真正的具有诗人气质和情操的人,首先是一个内心澄澈而宁静的人，一个在大众的信条下面仍能呼吸自如的人。他决不嘲弄普遍的大众信条，更不会仇恨和抗拒它。他与这些世俗的人们所赖以生存的信仰和规则保持一种高贵的疏离，这种疏离不是不参与大众的生活，不是在这普遍的规则下面重新树立一种信仰，而是怀着敬畏的心情看待这些秩序，怀着理解的同情观照周遭卑微的人和事物，必要的时候，还要怀着一种幽默感，面带微笑地以悲悯的情怀俯视一切的生存。在他的眼里，秩序是一种既定的存在方式，是人类的庇护所，他自己不必仰仗这些荒谬的庇护，但是他不会嘲笑大众这样做。

北大校园中积淀已久的幽雅、孤独、沉郁、特立独行的诗人气质给予处于青春期的年轻的灵魂的渗透是难以估量的，这种气象造就了自由、果敢、卓然不群的心性，也极易流于孤僻、狂躁、失落与荒疏，使得这些年轻的生命游走于尘世的边缘，不知道如何与广大的世界相融合。在北大，我学习这种能力用了将近十年的时光，现在仍在艰难地学习着，这是一种更为宝贵的学习，向周围许多具有优秀人格的人学习，向每时每刻都在运动变迁的自然汲取智慧，努力使内心的寂寞的工作与广大的外界相联结。经过长期的孤独的磨折与历练，经过无数内心的拼斗与冲突，经过自我与外界、梦想与现实的屡次碰撞与妥协,一个人才会有一种从容的心态,达到一种澄明的境地,成就一种宽宏、精进、沉静的襟怀。

一九九九年深冬

炼狱和再生

那是一个漫长的沉寂的冬天。整个季节，我在心灵的砧铁上接受情感与理智的锻炼，在空旷落寞的心境中品味人生之中惨淡荒芜的气息。经历过极度的幸福与痛彻肺腑的悲凉，品尝过天国一样的愉悦和地狱般磨难的灵魂，在这个冬天里所经受的内心的挣扎，成为我生命里永难泯灭的心灵陈迹。那些曾经支撑我生命的坚实的信仰，似乎在一夜之间崩溃坍塌，我将永远记住那些梦魇般的日夜，在那些被焦虑和困惑所拷打的漫漫长夜中，我彻夜无眠，我用迷茫的双眼凝望夜空，而内心是一片绝望的冷寂。

但是绝望与愁苦永远不能代替心灵的真正的壮大，不能代替人生的真正的成长与圆熟,对于那些在苦难之中徘徊犹疑的人,上苍并不曾预留一份救助。造物者,我看到你忧郁然而却是宽容的眼光,这个世界的苦难值得你的忧虑与慈悲的关怀,可是对于这些与生俱来的悲苦,你却不能不置以宽厚仁慈的一笑!拯救自我心灵苦难的只有我们自己,用我们内心的力量,去隐忍地跋涉在泥泞艰险的生活之路上,去看破那些镜花水月背后的世态炎凉,学会用更坦然更冷静的心态去观照万物,寂寞而勇敢地担当自己的命运。而命运自身的诡谲、庄严和廓大,只有当我们身处困厄的时候,只有当我们被置于无可摆脱的苦难的时候才能体味到:此时所有的事物都与我们疏远了,而这正是我们自身心灵的世界开阔、澄静与壮大的开始。

在1998年的新年之夜,我在蜗庐之中独自默坐,外面是笑语喧哗,燕园里奔走着沉浸在幸福与兴奋之中的少年们,而远处,在未名湖边,传来悠扬的捶钟声。那个子夜,我心静如水,我在心里不断念着四个字:"感激生活。"尽管我也曾对上帝安排的命运充满怨尤,可是在那个时刻,我终于领悟,尘世是唯一的天堂,我们不可能在尘世之外去寻觅或建造另外一个天堂。心存感激的人永远会是宁静而充实的,当劫难降临的时刻,我们以隐忍刚卓的心去抵御,我们从心灵劫难的灰烬里学习宽容，既宽容别人，也宽容自己；我们在痛苦的煎熬里学会自省，学会用更沉痛更深切的心态去看待曾经是玫瑰色的事物。所以苦难成为我们成长的印记，因了苦难，我们并不是更加憎恶尘世，逃避尘世，对尘世充满挑剔，而是更达观，更能包容，更增添了一种幽默感。苦难需要超越，但更多的却是忍耐，所以里尔克作为一个诗人，告诫年轻的诗人们"忍耐就是一切"！我从这句伟大的格言里不知汲取过多少信心与鼓舞。所有曾经在痛苦的砧铁上挣扎、辗转过的人，当他回首这一段往事的时候，他的心里必然会对命运充满敬畏，对自己内心坚韧的力量感到不可思议，那是一种如释重负的解脱和领悟，这些解脱和领悟不能从庸常琐碎的平静生活中得到，它们是造物者经由厄运而赐予我们的。然而我们并没有丧失对万物的信赖，虽然我们曾经被疏远和抛弃。对于尘世中所有真切的幸福，我们也决不因此而有所怀疑和摒弃，只是在困顿之中，我们学会以隐忍安详的心情去等待，哪怕是再漫长的等待，哪怕是再微茫的希望，我们亦坚信尘世的所有奇迹都会在我们面前次第展现。我所感到庆幸的是，我终被拯救，而我内心的单纯与丰满以及对尘世生活的虔敬与热忱竟丝毫无损。

在我陷于困顿绝望的时刻,我的一位仁厚可敬的师长录了布斯卡利亚的一段话赠我:

> 我们至少要花 50 年时间才能最后懂得,我们的生活和幸福并不取决于某一情形或某一个人;我们终于懂得我们不必让每事每物都遵从自己的意愿,我们也不必指望每个人都爱我们。我们还懂得,世界绝不会因为我们受到排挤而毁灭。
>
> 当我们最终弄懂这些的时候,真是如释重负。我们不会忘记第一次受人排挤或抛弃所感到的痛苦,我们也不会忘记那似乎可将我们吞噬的空虚感觉。但是,经过 50 年的生活,我们懂得,生命无论如何还将继续,受人排挤或抛弃仅仅是生活的一部分,而不是他的终点。

那天在深夜之中,我将这两段话读了一遍又一遍,我泪流遍颊,整个心灵如同风暴冲洗过后的湖水。

在几乎绝望的时候反而坚定了自己的生存,在信仰几乎坍塌的时候反而重新确立了自己的方向,这在我是一种经历了大苦之后的明净与澄澈,那是付出很大代价的一种宝贵的感悟,是丧失之后的获得,是炼狱之后的再生。当阳光再一次透过浓密的树叶光临我的房间,当我再一次以静如止水的心境聆听黎明时分的百鸟啼鸣,我在心里说:"永不放弃,永不绝望。"

一九九九年冬

在大众的信条下呼吸自如

在千禧年岁末的时候,我收到一封年轻朋友的电子邮件。尽管邮件简短而含蓄,可是那种略带迷茫与踌躇的语调使我不能不想起自己以前的心路历程。我同时为这位朋友感到欢喜,因为他正在为心灵的迷惘和忧虑所困扰,而这种内心的宝贵的反省,却恰恰是心灵成长的必要前奏。尽管这个前奏可能很低沉、黯淡、没有光华,可是只有经历过这样的迷乱之后,才可以真正开始一阕灿烂澄明的乐章。我很愿意借此将自己的一些感受梳理一番,以下是我的略显冗长的回信。

感谢您给我一个安静的晚上,来闲谈一些似乎不着边际而实际上却异常重大的题目。您激起了我许多感想。我曾经在课堂上说过"人之患在好为人师"的话,我不敢说自己能够说出什么有价值的意见来,只是完全出于年龄上的"盲目的骄傲",我才可以有胆量将自己的一些经验和心得与您分享。

我想,人们经常说的是"选择"(CHOOSE),其实我们在大部分的情况下是"被选择"(BE CHOSEN),我们主动选择的机会因为非常罕见而显得格外珍贵,人们也因此在选择的时候特别郑重其事。有些事情(比如职业),大约多半出于机缘巧合,少半出于主观选择,因而我们注定要在自己选择的生存方式和被选择的生存方式之间犹疑不决。有时候,正像您所说的,现实往往将我们逼迫到一种很矛盾和尴尬的境地。首先我要说的是,对于那些尘世的世俗生活所要求于我们的东西,不要怀着一种先入为主的偏见,以为世俗的安排就必定是有违于我们的高远目标的,而事实上可能恰恰相反。如果能够慎重地借重世俗的力量,我们甚至能够更快地达到我们的目标。一旦您与周围曾经经历的世俗达成一种比较和谐的关系,您就会发现,您在这个世界上的生存更加具有真实感,更踏实和丰满,而不必借助于愤世嫉俗和自我麻醉。不过您首先得有您自己的目的,这个目的是所有这些妥协的最终目标,是付出这些成本之后要换来的东西。这需要一种终极意义上的坚守的精神,所谓坚守,就是坚韧地守卫着自己心灵的领土和梦想的家园。尽管在必要的时候我们不得不考虑一些策略性的妥协,为一些"于情理上和世俗上"都很必要的事情而暂时搁置我们的梦想,隐藏我们的梦想,但是这种妥协可不能过多,不能没有界限,否则就是得不偿失,您为此付出的成本就太大了,您付出的是永久性地扼杀自己的梦想这样严重的致命的成本。在鱼和熊掌不可得兼的情形中,我们必须有清醒的判断力和较为长远的眼光,有放弃和拒绝的勇气,还要有一种坚韧的忍耐的精神,不能无原则地迁就世事。我总是想,那些本来有足够的才具从而有望获得巨大成功的人士,之所以大多最终

"泯然众人",多半因为最终在与现实的较量中放弃了自己的坚守,没有以坚韧的毅力一如既往地追求自己的梦想。所以,要成就一种卓绝的事业,才具固然必不可少,但是判断力、眼光、毅力和勇气、忍耐的精神等也许是更重要的因素。

但是现实中要做到不妥协是很难的。每一个人都会有这样的犹疑和矛盾的时光,在两个极端之间徘徊:一个是自己内心的梦想,一个是尘世的习俗。前者需要许多的信心和长久的努力,需要漫长的等待与奋争,但是它有着不可抗拒的魅力;而后者则是现实的律令,这是一种更为严酷的生存竞争,它的力量也更强大和悠久,但是它也是那些企求安身立命者的最有把握、风险最小的选择。在两个极端出现矛盾的时候,我相信大多数的人会自然地依赖世俗来作庇护,在尘世所设定的生存准则中找栖身。尽管我们感觉到这种妥协的可悲,但是能够逃脱这个律令的人真是凤毛麟角。有多少人一生都是处在这样的恼人的泥潭中,翻滚,跌爬,挣扎,犹豫,生命仿佛是没有光华的一幕剧,是被世俗的手掌捏塑好的,不能够改变和抗拒的。我们通常所说的"命运"，只是一种比较文雅的无可奈何的说法而已。但任何时候都不要轻易地做出妥协，否则一个人终将庸碌一辈子。有时候我很赞赏一种对于自己所钟爱的事业的"痴情"，这也就是在《西游记》里所说的，"取经惟诚，伏怪以力"。这里非常精确地指出成就一种卓绝的事业的两个要件：虔诚痴情和勇毅坚忍。

我方才说过"放弃和拒绝"，也说过"不妥协和痴情"，但是我们始终不要忽视了世俗的力量，超尘拔俗的人在这个世界上不多，而即使有也多半命运多舛。诗人和艺术家往往蔑视世俗，做出与世俗势不两立的架势，一方面人们并不惊讶于他们奇异的举动和非常的选择，相反，他们出其不意的异常表现往往增加世界的趣味和生动性，使得我们这个世界不至于乏味；另一方面，举止超常的艺术家和诗人，他们的非常举动就好像京戏里的行头，是他们的职业标记，从某种意义上来说，这些举动在本质上倒恰恰是符合尘世和世俗的规则的。除了艺术家和诗人之外，恐怕一般的人就很难真正漠视世俗的存在。我要说的是，在许多时候，我们要努力保持与这个世界的和谐的状态，保持与世俗的适当的距离。这就好像与爱人一样：既要保持一定的亲密接触（没有人可以真正脱离世俗而存在，再清高和脱离尘俗的人都要依赖世俗而生活），又要避免过度的亲昵（陷于世俗而难以自拔是许多人难以摆脱的宿命），要在这两个中间保持一种巧妙的平衡。这真是需要一种很高超的生活的艺术：某种意义上，这种艺术就好比走钢丝。

我还要与您分享的是，对于一般尚处于青春成长期的人而言，往往对于尘世和世俗有许多的厌倦和憎恶，这是完全错误的见解。尘世的许多事情不但不是我们的羁绊，反而是我们生命里面不可缺少的部分。《红楼梦》里说"世事洞明皆学问，人情练达即文章"，尘世是我们的生命得以锤炼的地方，仿佛铁匠的砧铁。我在一篇文章里说，一个真正有着诗人气质的人，首先是一个在大众的信条之下可以呼吸自如的人。我很希望您能够在"大众的信条"和世俗的规则之下可以呼吸自如，可以从容地驾御自己的内心：既以坚强的意志力秉持自己的理想，不轻易做出妥协，又与世俗努力达成一种平衡。前者需要一种坚忍和勇敢，而后者需要一种对于现实世界的宽容，对于尘俗的悲悯的态度，还有对于一些事物的幽默的心态。我不赞成那些随波逐流的人，在很年轻的时候，就汲取世俗中比较不优秀的部分，诸如圆滑，得过且过，没有激情，软弱，人云亦云，投机，没有原则和说谎。但是我也不赞成那种与现实的决绝的态度，那种对于大众信仰的极端的抗拒和盲目的放弃。这是大多数诗人的命运：不能与世界达成最起码的和谐，不能与世俗和平相处，如果不能战胜世俗，他们就决定放弃自己的生存。这是一种异常危险的思维方式！

我在北大的十年中间，见过许多这样的悲剧：青春的悲剧。他们由于过度纯真而不能理解生活的丰富性，不能够接受世界上残酷的一面和丑陋的一面，也不能接受与他们的理想相悖的任何现实；他们由于过度的脆弱而不能承受生命的重量，他们在尘世的压迫之下变得焦躁不安和绝望;他们还由于过度沉迷于幻想而不能理解尘世的乐趣,就如同自沉的北大优秀诗人戈麦在诗里所感叹的:"上帝,为什么在冥冥之中选择了我,这个不能体会广大生活的人。"他们抗拒这个尘世所给予他们的幸福,不能够融入广大的生活中去。尘世对于他们犹如禁忌!十年以来,面对这些陷在青春沼泽之中、过早地结束自己的青春生命的灵魂,我常常无言而伤感。我为这些年轻的生命感到惋惜。我要与您说的是:正视这个世界的真实面目;在现实之中学习坚忍并使自己变得强大;不要拒斥尘世的幸福。在某种意义上,应该成为我们坚守青春生存的三条戒律。

二零零零年十二月

在自己的精神领地里做酋长

——《精神自治》读后

一、启蒙时代的终结

很长时间以来,我对那些以"启蒙思想者"自居的新锐作家们怀着一种根深蒂固的拒斥和质疑的情绪。那种居高临下、处处流露着"精神贵族"一般道德优越感的发言姿态,那种唯我独尊、俯视天下、目空一切的话语风格,以及那种空疏、狂躁、粗砺,因过于张扬与夸张而显得有些歇斯底里的文字,都与那个已经逝去的疯狂年代有着极其相似的精神呼应与心理渊源,读后让人极不舒畅。与那些自命不凡的所谓"启蒙思想者"相比,我更尊重那些沉静的闪烁着理性光辉的文字，尊重那些虽不张扬激烈、但内心深处仍以冷峻的目光和沉毅的姿态深思人类命运的思想者。空疏而没有深厚理性认识之根基的批判是没有力量的，文人式的喟叹与伤感是软弱的，只逞一己之口舌快感的漫骂与嘲讽是毫无建设性的——启蒙时代已经终结，当下的时代，也许更需要的是那些深沉而扎实的思想者：那些把自己对人类的广阔的责任和伟大的担当同理性与深邃的思索完美地熔炼在一起的思想者。

王开岭在文字中所崇敬并效仿的，正是这样的一批思想者：他们在各自的专业领域内，是成就斐然的作家、艺术家、哲学家、科学家，他们在专业内所长期进行的精深、寂寞、沉静的探索，为人类理解自身提供了坚实的思想根基；他们不是以空洞的头脑和华丽的言辞指斥一切的"空头批判者"，而是对人类的历史和现实做出深刻而系统考察的学者和思想家。与此同时，在自己的专业领域之外，这些思想者又是"生命关怀力"与"精神能量"极为丰沛的人："他们的精神世界的浩瀚、视野之辽阔、生命行为之丰富、人格之璀璨……与其艺术业绩和专业成就是成正比的。"是的，在警惕那些空疏自负、学术根基极为脆弱的所谓"启蒙者"的同时，我们也要质疑那些心灵格局极端狭仄、精神世界极端闭塞、生命关怀极端薄弱的"单向度"的知识者;前者所发出的"空洞的呐喊"对人类理解自身与升华自身固无丝毫裨益,而后者则更易诱致知识者终生囿于自己的专业领域,自溺自闭,自我陶醉,从而忘却自己更为广阔的生命关怀与人格担当。

与那些自命为"思想启蒙者"的新锐作家不同,在话语风格和写作理念上,王开岭的作品始终洋溢着一种深沉的人文关怀,流淌着新锐作家中少有的一种诚挚、善意和博大的忧患。我很庆幸他从一开始就确立了这样的格调,但显然这种格调不能单单用王开岭的"民间写作"姿态和生活环境来解释。他的文字不可谓不峻急,但他从不为一己之快感宣泄而作歇斯底里状,他始终保持着一种优雅的分寸感,在激烈中自有一种蕴藉风味,在峻急里又带着一点诚挚的伤感。他的文笔汪洋恣肆,辞采华美,诗情四溢,思想灵感纷呈迭涌,但是他并不以文字哗众取宠,从不为迎合听众而故作激昂慷慨之论。他的思维视角独特,其深刻性甚至使人感觉已经超越其年龄允许之深度,然而他的内心却时常充满诗意,他最崇尚的乃清澈、真纯与简朴,他从不放弃以平静的心态对寻常事物的优美感悟。

在一些新锐作家拼命提高嗓门声嘶力竭地诅咒和批判

的时候,当那些"启蒙者"们比赛谁更激烈、谁更勇猛、谁更极端、谁更"语不惊人死不休"的时候,王开岭始终以沉毅冷静的心情瞩望这个世界,他不急躁,不耍噱头,不拉帮结派,不虚张声势;他既在沉痛地反思,也在热切地期待;既怀着极大的勇气去恨和质疑着,也怀着极大的虔诚去爱和信仰着。这一切,造就了王开岭的独特气质。

出版家子寒先生曾在信中为王开岭感叹,叹惜和奇怪他"到现在都未曾获得世俗意义上的成功",很为他鸣不平。然而,这也许就是他的成功之处吧。他主张"精神独立",这种独立,同时也包含着在世俗评价前的一份从容、镇静和自信。他不为发行量而迎合世俗的品位,也不为迎合听者而故意耍噱头扮鬼脸。他在文字中保持着他的独立人格,这就决定了他不是一个世俗意义上的"大众情人"式的作家。但是他必定因自己的独特气质而牢牢吸引着一批忠实的倾听者。他不缺少听众。当他"把栏杆拍遍"的时候,只要有几个素心的听者"会其登临之意",他也会感到心灵的饱足。

他要做自己"精神领地"的酋长,不会为任何世俗的价码而拍卖自己这块宝贵的独立的领地。

二、精神遗传与民间写作

王开岭的文字,不管是他 5 年前的《激动的舌头》,还是后来的《黑暗中的锐角》和《追随勇敢的心》,包括手边这本刚"出炉"的《精神自治》,都似乎浸透着一种沉重的情绪。这种"重"的感觉,一方面来自他所涉及的题材和命题的凝重,另一方面则来自他的精神气质。他似乎天生就是酷爱"重"的:在他的文字中,那些沉重的题材接踵而来,挥之不去;他的思虑,尽在那些凝重的话题四周盘旋,他从不回避这些显得有些蹇涩沉重的东西,对生死、信仰、人格、命运、传统……他都怀着极大的热忱和勇气去触摸,去揭示,这种严肃而沉重的探讨有时对写作者本身甚至近于残酷。在他那里,轻佻是不存在的,那种常常流露在志得意满的新锐作家笔下的悠然自得的情绪,在他那里是绝迹的:他自觉地摒弃了那些"轻"的东西,而让自己的文字有更沉重的担当。写作在他那里,就从来不是消遣和风花雪月,而是与自己内心的艰苦的对话过程,是一种痛苦的寂寞的自我省视。

他与墨子是同乡。当我想到这一点的时候,我不禁为我的发现大吃一惊。我发现在王开岭和他的 2000 年前的这个令人尊敬的前辈同乡之间,存在着惊人的气质上的相似之处。他们都好像是在故意回避生命中的"轻",或者说,他们似乎都有着爱恋"重"的本能:对于生命的浮华怀着刻骨的拒斥,而对于那些别人认为沉重蹇涩的东西,却有着内心的坚定认同和勇敢担当。墨子这个家伙,跟那个"拔一毛利天下而不为"的杨朱正好相反——墨子是那种在自己的个人生活中极端刻苦自励、然而却对自己内心的道德理想充满疯狂渴望的"极端理想主义者"。他"摩顶放踵以利天下",自己的生活则困顿到了极点:"堂高三尺,土阶三等,茅茨不剪,采椽不刮。食土簋,啜土刑。粝粢之食,藜藿之羹。夏日葛衣,冬日鹿裘",实在是让人难以忍受。然而墨子却在这样的生活之中到处宣扬他的"兼爱"学说和"爱无差等"的生命哲学。不管墨子在世俗的眼中看来是如何"怪诞""另类",但是作为一种人格象征,他是值得尊重的,我始终对他的精神境界保持敬意。王开岭在气质上似乎遗传了墨子的基因。他并不是不爱轻松,可是他在文字中却那样干净地摒弃了那种故作悠闲的文人姿态。我常常在读了他的文字后感到心灵的"重"——那种由于担负的东西太多而引起的近于窒闷的感觉——所以总是在想,王开岭是以什么样的心灵承受力,去承受来自自己的思想和文字的那些"生命中不能承受之重"?

每一个独立的思想者的成熟,都要经历漫长的沉寂的岁月。我们可以想象,一个内心充满激情与忧患的青年,蜗居在远离文化中心的一个僻远小城市的角落里,以长年的寂寞和不为人所知的痛苦,超负荷地思想、阅读和写作,这本身就构成了作家的一种写作姿态:他必然以民间性为自己思想的指归,必然拒绝那些矫揉造作、浮夸和谎言,其创作心态必然追求简朴而深沉、单纯而悠远。世俗的力量在他那里搁浅了,他只需要听从上天和内心的召唤。

但王开岭并不是只顾自己思想的闭塞的言说者。当他将自己的生活营地转移到大都市的时候,虽然他的生活形态会发生变化,但他的精神气质已经不可改变。他在寂寞里对自己的精神世界做了坚固的奠基,这个奠基,使得他在生活场景的不断改换中,仍旧完好保持着自己的文字品格。

在任何时候,他都在努力将自己"边缘化"。边缘化,不是为了逃避,也不是为了忘却,而是为了在纷扰尘世时时保持一份清醒,维护属于自己的一份独立精神领地。

三、我们依然要仰望星空……

我非常喜欢王开岭一篇文章的题目:《精神明亮的人》。实在是神来之笔!我忍不住把这个名字拿来,做了我的一篇访问记的题目。我们所居住的这个世界,实在太缺乏这样的"精神明亮的人"。我们在现实场景中终其一生恐怕都难以有一种被瞬间照耀的感觉:在那一瞬间,你被一种人格光芒所照亮,被一种迥异于常人的生命闪电所震撼!在人格干瘪、信仰流失、精神委顿的时代,想寻找一个"精神明亮的人",竟是那样艰难。

于是王开岭呼唤我们已经久违了的"婴儿感"。他说:"无论何时何地,我们只有恢复孩子般的好奇与纯真,只有像儿童一样精神明亮、目光澄澈,才能对这世界有所发现,才能比平日看到更多,才能从最平凡的事物中注视到神奇与美丽。"童年是造物者给予人类的伟大礼物,可是那么多成人丢失了这件宝贵的礼物,或是把它弃置一旁如弃敝屣。

于是王开岭呼唤我们从来不曾熟悉的"宗教感"。他说:"我们必须仰望点什么。必须时常提醒自己:让疲倦的视线从物面上移开,从狭窄而琐碎的生存槽沟里昂起,向着高远,看一看那巍峨与矗立,看一看那自由与辽阔、澄明与纯净……"学习仰望，学习倾听，似乎是我们还没有温习的功课。只有当我们的目光不再溺陷在生理意义的快感和功利意义上的自得里，只有当我们把虔敬、圣洁、严肃的生命姿态再次嵌入我们的价值链条，我们的精神世界才会焕发一种真正的光彩出来。

这个时刻，我们不再被世俗所羁绊，而我们所仰望的星空，也只剩下唯一的主宰者。也只有在这个时刻，人，才会成为真正意义上的独立的受造之物，他在更高的意义上通过这样的途径重新恢复了作为人的理性和尊严，那就是——与那个更广远、更辽阔、更高耸的目的相连结。

二零零四年二月二十八日

心灵的成长与壮大是生命的源泉与归宿

生命假若仅仅作为肉体而存在,那么它必是极其虚渺而脆弱的:虚渺的根由在于肉体本身缺乏目的,缺乏除欲望与本能之外的任何更终极的归宿;而脆弱来源于这样一个事实,即每一个个体生命在灾难、忧患、疾病、创伤面前都必然是微不足道的失败者,肉体在它遭遇灾患的刹那间,是那样不堪一击!凡是目睹死亡的人都会有那样强烈的感受:生命从那一刻消逝,以一种不见形迹的方式,悄无声息地瞬间飘散,宛如一声叹息。

然而如果我们时时观照内心的力量,我们就会发现迥异的情形:在忧患与苦难面前,内心克服了肉体的恐惧与焦虑，变得强大起来，因而心灵就成为拯救我们肉体的有力的手掌。生命是什么？假若仅仅从物质的层面来观察，生命不过是从降生到成长再到病痛与死亡的一个过程，每个个体生命都要经历这样千篇一律的程序，由相同的起点走到相同的终点。我们可以看到现实中那么多庸碌的生命，遵循着从世俗生活中继承下来的规则，茫然无目的地履行着他们的所谓义务，但他们对自身的心灵，对于灵魂世界，却从来没有郑重、深刻、虔敬的反省。苏格拉底说，不经反省的人生没有价值。反省是对自我内心的省视，以超脱的眼光，以造物者的姿态来观照自己的内心，瞩望自己灵魂的成长。肉体会因时日而衰朽，而消逝，但灵魂却因不断的反省与建造而一天天成长，变得强大。世人的悲哀在于过多地关注肉体，关注世俗的享受，却完全漠视内心，对自己灵魂的一切生动的开展无动于衷！他们不知道，心灵的成长与壮大才是我们生命的源泉和归宿。

我们被教导"轻看世俗"的深意，并不在于要我们弃绝世俗所加予我们的责任以及我们应该体味的幸福，而是要使我们懂得，世俗只是我们实现内心的一种途径，一种中介。经由世俗的生活，经由有限的肉体生存，我们可以见证我们信仰的光荣，使我们的灵魂在不断锤炼之中趋于完善，以有限的身躯接近无限的彼岸世界。正是在这个意义上，我们必轻看世俗中的诱惑，而转向我们的内心生活。但从另外一个角度来看，世俗生活也未尝不是我们内心生活的考验，它恰恰是我们成就灵魂的媒介而不是障碍："在世俗的事物上他们确是贫穷，但是在恩典和生命上却非常富足"，这种富足来自心灵的壮大与充盈。即使在肉体即将毁灭的时候，心灵却可能臻至更圆满的境地，坦然无累，平静从容，犹如弘一法师所说的"华枝春满，天心月圆"的境界。此时灵魂绽放出灿烂柔美的光华，这是信仰丰盛的恩赐。

一九九九年四月

内心宁静与幸福的奥秘

夜幕降临的时刻,万籁俱寂,仿佛整个宇宙的心灵都处于无边的宁静与沉思之中。可是正是在这样安详的时候,仍旧有无数心灵沉溺于无穷无尽的扰动、焦虑、烦恼之中不能够自拔。内心的不宁甚于任何病患,成为我们这个看重物质而轻视心灵的时代的最大灾祸,使得我们的心灵不能够从容平安地应对广大的生活。这是一种时代流行的病症。它破坏着这个世俗世界的完满的秩序,使世界处于一种永远扰动的骚乱之中,使人类最终在丧失心灵宁静之后丧失自身。一个善于保守自己的内心、能够以隐忍通达的姿态面对世俗纷扰的人,必是内心宁静而幸福的人。但是保守内心在任何时候都是一件艰苦的工作，而内心不宁的根源在于我们内心的焦虑：我们总是为我们所不能控制、不能预见的事物而担忧，为未来处于飘摇之中的不确定性而过于挂虑。在任何时候，保守内心平静的第一奥秘就是：把一切忧虑交托于造物者，无忧无虑地生活。

忧虑是每时每刻都会侵扰我们内心的魔鬼。我们为可能的病患而忧虑。为未来的地位与声望而忧虑。为他人的言语与评价而忧虑。为还未到来的死亡的阴影而忧虑。为生活中的琐细变故而忧虑。有一次我邀请一位我所尊敬的从美国来的教授为我的学生们讲演。我预想并期望这是一场非常郑重和隆重的讲演，因此我很希望出现一种热烈的场面，以使得这位教授的内心感到满意。但是当我们进入教室的时候，我发现学生很是稀疏，并不像我预想的那样多，这使我感到非常尴尬和意外。可是这位教授却非常坦然，他平静地坐在那里闭目养神，等待讲演开始。我却坐立不安，为到场学生的稀少而忧虑和紧张。好在讲演开始的时刻人数已经很可观，这位教授的讲演热情投入，洒脱亲切，使得讲演出人意料地成功。在回去的路上，我把我开始时的忧虑告诉他，他平静地说："把这些忧虑交给上帝吧。我的职责是讲课。"在他看来，他的唯一的职责与义务是竭尽他的心智去讲演,这是上帝交付给他的使命,他必须以全副心力去完成他被赋予的使命;但是至于除此之外的其他事情,比如有什么人愿意来听讲,有多少人能够接受他的理念,则是上帝安排的事情,所谓"因缘天定",是不需要他忧虑的。他说,即使有一个人来听讲,即使只有一个人接受他的理念并受益,这对他而言也是一次值得骄傲的收获。他知道自己应该关心什么,也就是说,他明白自己与上帝各自的使命。他真正把握到了使心灵宁静的奥秘,那就是无忧无虑地面对生活,将内心专注于当下的生活,不为不可预知的将来而焦虑。"凡人不将一切忧虑交托于你,他必难于站立得稳。""假若你的旨意要我处身于黑暗中,我赞美你;但是假若是你的旨意,要我居在光明中,我也要赞美你;你若赐我安慰,我赞美你;但是你若加我痛苦,我还是赞美你。"这些教诲都说明心怀赞美,专注现在,摒弃忧虑,是内心宁静幸福的根源。

在里德的《基督的人生观》中,曾经引述了远征南极的爱德华·威尔逊(Edward Wilson)博士在远征途中给妻子的一封信,从这封信中我们可以最强烈地感到内心宁静的奥秘所在。他说:"无忧无虑地对付生活,唯一能够使我们惋惜或者忧虑的事就是我们自己,而不是外物。当生活来到你面前时,你要尽快地生活。你要尽力去做直接呈现在你面前的工作。这才是在人的意志中表现出来的真正的无忧无虑,才是人的整个生命体现出来的绝对希望与绝对信仰。这将教会人们去相信:不管怎么样,一切都是最美好的。在你人生不顺利,遭到打击时,你不要去奢望有一把能够使你获得幸福的钥匙。"这种"真正的无忧无虑",不是推卸掉一切责任,无所牵挂,而恰恰是勇敢地担当起当下的责任,凝聚生命的心志关注当下的生活,尽情地投入现在之中,而不为未来而焦虑。焦虑其实什么也不能解决。当我们在深夜为未来的事物而忧虑到失眠的时候,这种深夜之中的清醒并不能帮助我们使未来事物有所改变,并不能使一切秩序有所改变。未来的事物需要未来的心灵来应对,而我们只需要无限真诚地、心志单纯地面对现在。

一九九九年四月

爱你的寂寞,珍惜默思的时光

寂寞是一种宝贵的情感,凡庸的人总不能够享用寂寞,难以在寂寞中寻求灵魂的清静与成长。寂寞对于不能够欣赏和珍惜它的人而言,只是一种极其空虚与恐惧的经验。这种空虚与恐惧啃咬着他们的心灵,足以使他们毁灭。"寂寞难耐",这是许多人常说的话。为了避免在寂寞中发狂,这些人宁愿在觥筹交错笑语喧哗中消磨时日,借以驱赶内心的空虚与孤独。对于这些人来说,寂寞是一种可怕的、在任何时候都应该极力避免的情感经历。好在世俗生活为我们准备了那么多的武器来回避和摒除寂寞。而每当看到那些空虚的心灵,借用许多无聊的群体生活和庸俗的娱乐来麻醉和解脱自己时,我就不禁感叹:那些不能体味内心寂寞的好处的人真是不幸!

诗人里尔克说:"爱你的寂寞,负担那它以悠扬的怨诉给你引来的痛苦。"而这种经由寂寞所体味到的"痛苦"却恰恰是来自心灵的珍贵的礼物。寂寞逼使我们进入一种孤立的境地,而正是在这些孤立的时候,我们会同自我的灵魂更加亲密。因而寂寞是内心工作的开始,是信仰的开始,是省悟的开始,此时心灵挣脱一切羁绊而直接显现出自身的良知。我们不是在喧嚷中认识自己,也不是在人群之中认识自己,而恰恰是在寂寞的时刻认识自己,于独居的时刻认识自己,犹如深夜的月光洒落在纯净无暇的窗户之上。

在万籁俱寂的子夜时分,或是在万物沉睡的凌晨,在肃静的内室之中,或是在空旷的郊野,在所有这些寂寞的时候,凡尘中的烦琐事务离我们远去了,忧虑与烦忧也不再侵害我们,我们的内心自然会生出许多平安欢喜的感激之情,此时思绪邈远,内心安详而淳朴,你会感到一种与宇宙同在的醉意。这是与这个宇宙,与内心亲密交谈的时刻,也是我们生命最为丰满、灿烂与充盈的时刻。许多伟大的圣徒,总是远离尘嚣,而乐意退避到一个孤独寂寞的静处,反省灵魂,修养身心,与神明亲近;在他们眼里,这些沉思默想的寂寞光阴，正是参悟生命与信仰之奥秘的宝贵时刻。有哲人说："每日我若处身于人群中，回来之后就觉得比从前更不如了。"人们往往因为难以忍耐寂寞而寻求群体生活，这不但曲解了寂寞，得不到寂寞的益处，也同时严重误解了群体生活。许多人参与群体生活的缘由是他们不能够独居，不能够忍受寂寞，他们需要借助外界的喧闹来驱除内心的空虚。而群体生活却永远也不能治愈空虚，它只是经由精神的麻醉而暂时忘记了寂寞与空虚的存在，结果反而更加重了这种空虚。

凡是对寂寞感到恐惧的人，其实质是不敢面对自己，他们对自己的内心感到陌生、疏远和惊恐。这正是他们的内心与意志脆弱飘浮的原因所在。一个内心虔敬而勇敢的人，必然会因寂寞而更加深刻地反省自身，从而也就更坚定地成就自身，完善自身。另外，与不能体味寂寞的习惯相联系的恶俗是不能保持缄默。"只有喜欢保持缄默的人，才会有把握地说话。"有些人则恰恰相反，他们由于不能忍受寂寞而将自己抛入人群，而在人群之中他们也就自然不能保持适当的缄默，不能以沉思默想获得明智合宜的判断。所以我们要特别珍惜独居的光阴，在喧闹的尘世生活中，不论何时，总要努力寻找一些悠闲的时光，用于独处，此时你暂放尘心，心游物外，你将悉心感受心灵的自由与成长，倾听宇宙的静谧节奏，品味上天的恩典——这是寂寞所给予我们的最丰盛的礼物。

一九九九年四月

永远领受和体味广大的生活

我收到一封使我略感惆怅的短信。在信里,这位心灵上亲密的朋友对我的"从容自在"的生存方式表示羡慕。其实每个人都不可能总是"从容自在"的。我也有相当绝望、彷徨与空虚的日子。那种痛彻肺腑的煎熬可能是别人感到陌生的。我现在觉得命运的诡谲,如同这位朋友在信中所说"世事无常";但同时我又觉得命运的庄严。命运本身是不可以厌弃或者嘲笑的。所有的际遇,以及所有的不幸,组成我们的生命。所以在寂寞和苦厄里,需要的是隐忍与宽容的心怀。正像现在,我在这个狭小却属于自己的空间里,品味着来自远方的一种遥远的温暖,心里又寂寞,又充盈,说不出的惆怅，幸福，温存以及冥想的情绪。隐忍并不是一个现成的避难所，而是我们与这个世界达成和解的一种方式。

我现在觉悟到生命是一个悠长的过程，不用强迫，也不用焦虑。这是我以前所未曾省悟到的。"悠长"意味着我们必须摒弃我们内心之中对于未来的焦虑，心绪安宁地等待这个世界慢慢地开展她的永恒的秩序。未来的生活就在我们的面前，无忧无虑地寂静而广大。一种安详的生存方式，需要心静如水，需要淡泊，但是心静如水并不是心如死灰，淡泊不是淡漠。生命太美好了，也太丰富了，多少个奇异的陌生的世界，许多的奥秘：内心的奥秘，爱的奥秘，生活的奥秘，艺术的奥秘，值得我们用整个身心来拥抱！我们得到这个使命去接近这些奥秘，开启生命里所有的感知与爱！我想起我去年写的一篇小文中的一句话——"永不绝望，永不放弃"。

我从来赞赏特立独行的人。个性，也许是我们作为个体在世界上生存的唯一依据和唯一象征。但我同时珍视我与周遭的一切的友好，我感到我在一个巨大的空间里生存，我爱周围的一切，甚至，我热爱那些丑陋的事物——那些与生命的美、真实和尊严相违逆的事物，我感谢它们的存在，因为它们是真实世界的一部分,它们增加了这个世界的丰富性。当我们还在为某些事情而"沮丧"或者"灰心"(我在朋友的信里读到这些令人惆怅的字眼)的时候,也许是因为我们内心还有"执着",还不够坦然,不够宽容。中国禅宗里讲"不凝滞于物",是破除烦恼获取宁静的妙法。

不沮丧,不嘲笑,不反叛,不做作,不乡愿,不苟且,不冷漠,不抱怨,不焦躁,不急迫,不拒斥,不彷徨,不绝望,不放弃,不回避,不厌倦,永远热爱生命,永远接纳和祝福这个并不完美的世界,永远领受和体味广大的生活,永远印证造物者的荣耀与生的尊严。这是我们内心应该秉持的信念。

一九九九年四月

遥远的生命感召

今天清晨,我在昏暗的屋里躺着,心境静谧而澄澈。外面是初秋的雨,很小,但是我可以听见雨的声音,淅淅沥沥的,很温柔,透着一种秋天的清凉气息。我非常沉醉于这种味道,这要感谢你清晨打来电话把我唤醒。是的,是你唤醒了我,不但是知觉,而且是心灵上的,使我得以呼吸这黎明的气息。外面人声渐起,那些破烂的自行车的声音真是优美极了。我想起上大学的时候,也是在清晨的时分,常常骑着这种能够散发打击乐的旧车,头发飘摇,混杂在无数蓬勃的北大同窗中间,漫无目的却又兴致勃勃地去做事。生命多么奇妙,多么美好啊,时光消逝着,也延续着，幸福哪怕只是其中极其微小的一部分，也足以让人感到满足了。

夜里我很悠然地看书，为明天的课做准备。我回想刚刚留在燕园教书时的心境，浮躁，慵懒，沉闷，完全没有一种安详的情绪，对于职业，对于我所从事的事情，竟然不能够焕发哪怕一点的钟爱和狂热。世界上恐怕只有艺术家可以完全拥抱那种狂热的感情，那种对于职业的忘怀的投入。我所敬重的罗丹在《罗丹艺术论》中说过类似的话。但是我还记得里尔克、我所挚爱的诗人的另外一种教诲，他向我们揭示关于生命的奥妙，认为在任何一种职业中都存在组织一种安详、合理、艺术的生活的可能性。这句话在我而言如醍醐灌顶。我在这三年的颠踬和淬炼之中，省悟到职业在生命里的意义和价值，她不仅是我们存在的凭借，物质上的撑持者，更是人生的依据和安顿之所。

最近读到黄永玉先生回忆沈从文先生的一段文字，让我感动极了。黄永玉先生是著名的艺术家，在绘画和文学上都有很深的造诣。年轻时有一次他为某报刊做了一幅木刻，完全是应付差事的作品，沈从文先生看了之后，直接来到黄先生的家，说："你怎么可以发表这样的作品。你是艺术家，可是我在你的作品中完全看不到灵感，完全没有激情，没有创造，没有生命的庄严感……""生命的庄严感"，看到这几个字，我的眼泪都要流出来了。现在，在夜里，我怀着一种安宁的心绪工作，内心充盈，平静，仿佛受到一种遥远的感召，一种庄严的使命的贯注。这种感觉很大程度上是你传达给我的，我希望我再以同样的方式传达给你。

有一次在课堂上，我说教师须兼具学者与牧师两种角色：前者需要学识，需要冷静深刻的判断力，所谓"学高为师"，这样才能担当"授业解惑"的使命；而后者则需要一种人格，一种终极的关怀，一种宗教式的投入与悲悯的情怀，如此才能担当"传道"的使命。学者与牧师的职业，都是于心灵有益的。我前几天参加一个研讨会，偶然看到怀念芝加哥大学邹谠（谠）教授的一篇文章，里面引用了邹先生的一段话，我觉得精彩极了，"与我心有戚戚焉"：

> 学术不是政治。搞政治不是搞学术。搞政治可得一时的兴奋。搞学术需要宁静淡泊的生活。学术是超政治的政治。学术创作是无价之宝。寻真理得自由造福众生。治学严谨而生活轻松。思想敏锐而语言行动镇静。有创见而无偏见。有批评态度而不轻易否定不同的观点。出类拔萃而不

骄矜。对人友善而心理上不依赖他人。爱护群体而不失独立自主的精神。尊重各部门之清规戒律而不放弃学术至上之原则。世事万变而心神岿然不动。

外面虫声很盛大。我很欢喜听秋天的虫子的叫声，蟋蟀或是其他秋虫，杂乱的柔细的音响，很让人怀旧。广大的夜，无边的思绪弥漫在清寂的太虚之中。我想起小时侯，住在乡村，入夜，似乎更加宁静，凝重，空旷。我的家在村子的最西端，再往西就是水渠和田以及巨大的贮满水的采石场，还有一些清水湾。在夏末秋初的季节，夜里，秋虫叫得极为响亮，也更密集，我可以想象它们在玉米地以及田埂的杂草中群起而鸣之的样子。水湾里有的是青蛙，呱呱地整夜叫，我在一首写给姐姐的诗里曾经回忆过这种景象，这可能是我心里对于故乡最恒久最诗意的一部分记忆了。

　　夏日都要烧着了／我们却仍旧漠然于紫丁香辉煌的开放／朝霞都要烧着了／我们却仍然蜗守在陆地上／夜色都要烧着了／我们却再也听不到

悬铃木清脆的声响／不像从前，姐姐／你是否还记得／那些天才的蟋蟀与青蛙制作的音乐／还有山谷里滋滴的清爽的泉露／那是生命开幕的时候／我们对于一切都兴致盎然。

这是七八年前的诗了。现在读起来有一些伤感的味道。

昨天晚上给一个朋友回信，顺手涂了绝句一首："万籁此俱寂，独坐听蛩鸣。心事浩渺处，幽怀伤秋声。"颇有一点王摩诘的味道吧。

二零零零年九月二十八日夜

眼泪让爱更加深沉清澈

现在是凌晨三点钟。昨晚喝了一通凉茶,弄得头脑极为清醒,真是思如泉涌,躺在床上,辗转反侧睡不着。我以前经常于凌晨时分诗兴大发顺手涂抹。我想此刻你必在安睡。外面静寂得很。我此刻非常想念你。

我想起那天夜里流泪的情景。我被许多种事物和记忆感动着,被命运感动着,心里既静谧,又感激,说不清楚的幸福和惆怅。你勾起我许多早已经忘却的记忆,童年所经历的,少年所经历的,这些记忆被一个关爱的心灵所唤醒,就像一个沉睡的灵魂被早晨的号子唤醒一样。当我们彼此描述那些记忆的时候,我是怀着一种热切的希望,望你跟我的生命更亲密些，我甚至希望你能够进入我的记忆，把我心灵里所呈现的村庄、田野、眼泪、痛苦、青春的迷茫与追索、光荣与屈辱，再清晰地呈现于你。没有比有人倾听更让倾诉者欣慰的了。眼泪会让爱情变得深沉和清澈。

我写的十四行诗，对你而言可能是一种陌生的表述方式，艰涩，暗晦，带着忧伤抑或是过于冷静的神情，令人感觉不到亲近和温暖。我的诗的色调，近两年有非常大的转折：以前的诗，有着很幽雅的明晰的节奏感，好像一个少年的有节奏的歌唱；同时调子又是明亮的，直率，清澈，即使是忧伤，也是异常烂漫的感觉——那是少年的单纯、梦想的时代，尽管也不能避免尖锐的苦痛和青春的挣扎的迹象，可是却满是温柔的吟唱，带着向这个世界讨好的妩媚的神色，因为他对这个世界还残留着些许的奢望和希冀。现在，诗里的玫瑰色调消失了，取而代之的是冷峻的诘问，丝毫没有奢望的质疑。一个经受造物者考验的灵魂，要对这个现实的世界有一个真切而不是虚幻的理解，为此，他不惜撕裂他以前所不愿意撕裂的人生的锦衣，在华美的装饰下面揭露人生更为真实的一面。对于一个天生完美主义和理想主义的诗人，这个过程中所经历的艰险是不言而喻的，他所经受的灵魂上的屈辱和沦丧的感觉对他而言几乎都是致命的。我感到幸运的，是终于再一次被拯救，被世界所接纳，被命运所感化。我感到我现在内心充满着一种力量，坚忍，平静，坦然，同时又野心勃勃，一往无前。我想做更多的事情，实现更多的愿望。

我把七年前写的长诗《悲怆朔拿大》（朔拿大 [Sonata]，现译为奏鸣曲——编注）寄给你看。这是献给贝多芬的三章长诗。从某种意义上而言，这三章长诗是我内心成长的记录。我想起 1993 年的深冬，我蜷缩在冰冷而空旷的第二教学楼里，流着眼泪写作的情景。现在破败的北大二教已经荡然无存了，可是那种刻骨铭心的心灵痕迹却没有从回忆里消失。诗歌是生命燃烧的祭礼。第一乐章《棕狮》是孤寂里的英雄心灵的写照，如同被伤痛与孤独所折磨的雄狮，于深夜的山冈追溯往事，凄厉长啸。第二乐章《炼狱》是心灵的受难者发出的呼喊，于灵魂的砧铁之上接受苦厄命运的锤炼。第三乐章《乐土》乃天堂的乐章，是英雄经受心灵的炼狱之后所享受的天国的光荣，描摹敬畏生命的受难者在倾听天使歌唱时悲欣交集的情绪。我怀念那种少年清澈的感伤与英雄的梦想！你如果读 1999 年我写的 8 首组诗《黑夜的祷告》，就可以知道格调有多大的不同。这是时间镌刻的痕迹！

现在屋里的闷热几乎都散尽了。我刚才煮了些牛奶和一个鸡蛋，虽然动作笨拙，却感到人生很美好。我的心此刻寂静得很。所有的一切都在沉睡着。再过一个多钟头就要天亮了。这是适宜默祷或遥想的时候。我愿此时你可以听见我的祷告，我愿黎明听见我的祷告。

二零零零年六月二十一日凌晨四时

只有爱才能烛照人生

我昨天晚上花了几个小时的时间给一个学生写回信,那个学生的邮件没有署真实的名字,他(她)可能很不愿意披露自己的身份,但是却忍不住对我宣泄他(她)的苦闷和迷茫的情绪。"水一样的清愁",这是郁达夫形容青春的语言;在我看来,青春对于人生而言也是一种病症,是生命的特殊时期容易滋生的一种特殊病症。它的临床表现是:莫名的忧郁,被一种说不清楚的忧伤情绪缠绕着,极其容易伤感,易于走向一种极端的方式,而又常常陷于迷惘,总是处于歧路彷徨的状态,没有生存的坚定感和沉着感,没有从容不迫的心态,致命的犹疑,对这个世界一边充满敌意一边又忍不住编织梦想。我写了很长的话，搞得一个晚上的情绪既感伤，又有完成一件事情之后的充实。

我想着有多少这样的处于焦虑与浮躁、寂寥和迷惑的年轻心灵，曾经这样严肃地思考生命的意义，执着之中含着悲凉的成分，仿佛在生命的边缘徘徊。当他们匆忙完成学业走上职业的道路，则面临着更为迫切的竞争和严酷的生存现实，于是思考人生成为再也不能延续的奢侈品，于是他们逐渐地放弃了独立的意志和生存原则，或者毋宁说他们从来没有建立起坚定、清晰、合理的生存理念。他们会迅速地与这个社会融为一体，盲目地（或者是不情愿地）接受这个世界的游戏规则，隐遁消失在茫茫人海之中，再也辨认不出自己的面貌。芸芸众生，大地所承载的亿万人类，有多少是在迷乱、盲从和妥协里度过了自己的短暂生命！昨天夜里我的一通感慨，与其说是宽解别人，不如说是在解脱自己，是借这样的话题来浇自己胸中之块垒。

昨天已经是深夜了，没有睡意，打开电视，看了一部英国电影，是讲述老年人的情境的，整个影片格调很清雅，弥漫着生命的感伤情绪。对于在弥留之际的老人而言，生命并非仅仅可以用"宝贵"来形容，它是一些愈加清晰的回忆的画面，在生命的尽头一下变得鲜活起来。生命经历了艰辛、苦难、挣扎、伤痛之后，老人对其有了更深切的感悟，仿佛把华丽的衣服撕裂之后所见证的真正的面目。难以掩饰的精力衰竭，意志倦怠，遍布全身的皱纹，老年斑在手上和脸上处处烙下生命的痕迹和将要衰朽的迹象，老人在揽镜自窥的时候，我不知道那是怎样一种伤感和绝望！

周国平有一篇文章，讲人生的悲观、执着与超脱。生命的短暂很容易使人产生幻灭的意识，容易堕入悲观的人生虚无的感觉，但是悲观并不是真正的生命智慧；有些人却走向另一个极端，就是对于生命的过于执着，对人生中的诸多事物充满强烈的占有欲望，在患得患失之中丧失了生命的从容感，这种情感与生命的智慧也相距甚远。真正的智慧是以超脱来约束执着，以包容去扬弃悲观。

在我看这个影片的时候，许多次被老人睿智而苍凉的话所打动，一边怀着对生命的礼赞和眷恋，一边却充满着悲悯的情怀和隐约的感伤。老人最终在昏暗的房间里等候死亡的时候，她以微弱的气息说出她对这个世界最后的留言："Time is marching on. Life is so beautiful. Let love alive." 这些话真是精彩，虽然出于老妪之口，却富有哲学的意味。时间不会因为某个个体生命的消逝而停止，真是"逝者如斯，不舍昼夜"，但每个生命都以自己独特的里程展示其魅力与存在，犹如流星瞬间的闪亮照耀整个寂静的宇宙。而在生命之中，重要的是爱，只有爱才能烛照人生，没有爱的生命，真是"万古长如夜"。

下午与一位朋友跑步，老夫聊发少年狂，前所未有地痛快。晚上又一起在佟园吃饭。朋友近来心绪不佳，跟我在一起海阔天空，谈笑风生，手舞足蹈，胡说八道，又恢复了那种兴奋和狂傲的气质。等我们吃完饭出来，发现今夜的月非常亮，未名湖上已经结了厚厚的冰，湖边昏黄的灯影映在冰上，很有情调。

我说他有点堂·吉诃德的骑士性格，他大笑。幻想，浪漫，自信，狂傲，勇毅，不拘小节，自我陶醉，一往无前，是骑士的精神写照。这位"骑士"在湖边大喊：爱情就要疯狂！就要激情！轰轰烈烈！一起大笑。旁边的人以为我们是疯子，或者喝醉了酒。燕园培育了许多这样的浪漫骑士！只可惜我们这个时代已经丧失了容纳骑士的宽容心。

二零零零年十二月十二日

爱为对方开启更为广大的世界

现在是凌晨时分了,这是千禧年的第一个早晨。在十八楼后,在大讲堂的前面,是攒动拥攘的人群和许多张被兴奋和憧憬映照的年轻面庞。我刚才在那里体味到的狂舞劲歌的喧闹欢腾与此际我在蜗庐之内所享的安宁沉静形成如此有趣的对照。此时灯影很柔和,我将自己的内心置于一种完全宁静沉寂的状态之中,但是它却绝非枯寂落寞,绝不是内心的痛切的孤独;或许恰恰相反,在我心的深处,是被许多想念和追忆填满着,此刻我并不艳羡那些可以在狂乱热烈的氛围中度过这不眠之夜的幸福的人们,而是对自己在深夜能够如此安详而温柔地遥想和感激觉得无比荣幸。我以这种独特的方式度过了这个新的千年的第一个夜晚。

此时，我与世界发生着的一切似乎更加疏远了，然而这正是我与自己真实的内心接近的时刻；此时那些被过分夸张的渲染所破坏的本来平静安详的氛围在我心里重新展现出来，这种安详，来自一个充盈的心灵，来自一个灵魂对另一个灵魂的渴望与怀想，来自对于造物者所赐予的尘世命运的全心的感激。在这个孤寂的深夜，我在内心呼唤着一个名字，并以极端虔敬宁静的心情为你祷告，愿你在这个夜里得着安宁与幸福。

我不能确知昨天夜里是什么时候进入梦乡的，读了几页书后，我便漱洗入睡，这是极其温暖的一夜，整个睡梦里仿佛都洋溢着一种迷离沉醉的气息。我得坦白，我与这种感觉相违已久了。如果一个人在爱里面，感到某种压抑，束缚，甚或困扰，那么，那种情感恐怕并非真正的纯粹的爱。爱并不是普通意义上的两相厮守，强迫维系和牵掣对方的情感作为自己脆弱内心的依赖与支撑；它也不应该是占有，那种在本质上与爱的理念相悖的相互禁锢与疑忌。爱应该让人变得更加澄澈，她为双方展现出一个更加广大的世界，一个心灵被另一个心灵所开启，所激发，所浸润，两个心灵由于相互的呵护与温暖而显得更加圆满，臻至更为丰润富饶的境地。爱从来也不是两个人不能够忍耐寂寞而寻觅的庇护所。爱是彼此给予巨大信赖的两个心灵的汇合,他们以各自独立的人格相互区分,又以极其诚挚的心情相互敬重和珍爱。此刻你必在梦乡里,但愿我没有惊扰你恬静的生命。《圣经·诗篇·雅歌》里说:"耶路撒冷的众女子啊,我指着羚羊或田野的母鹿嘱咐你们,不要激动爱情,不要叫醒我所亲爱的,等她自己情愿。"

此时是凌晨二时多了,大讲堂前面还有不知疲倦的少年在执着地捶钟,而且可以听见窗前路过的人群在高声互致新年的祝福——这些可爱的幸福的少年,当神俯视这个尘世万物的生存的时候,他必为这些年轻的灵魂而心怀慈爱与宽慰。

时光在流逝,再过几个时辰,千禧年第一个黎明的第一道曙光就要来了。我此刻非常想念你,并祝福你。让我们在这一时刻一同瞩望这个黎明。

二零零零年一月一日凌晨二时

用一切内心的努力去学习爱

在我们独处的时间，那些早晨，那些寂静的午后，那些昏暗的夕阳西下的时分，我们的每一句交谈都让我感受到一种温暖的光芒的照拂。你走出我的房间后留给我的空白，我只有用加倍的追忆去填满。而我异常愿意永远沉浸在这种略带寂寞意味的回想里面，这些回想，恬静，湿润，足以让我的心魂在整个沉寂的夜里感到内心丰满，充盈。它盛满许多遐想，浸透着一种诗意的芬芳。当我用心呼喊这个甘美的名字而她又能够听到时，我相信此刻我是世上最幸福的人了。我渴望一种纯净与安详的气息，这对于一颗曾经经受扰动的心灵而言，是一种莫大的慰藉；而我，是怀着何等感激与忏悔的心绪领受这赐予的，只有俯瞰我的造物者知晓。

诗人里尔克曾经屡次告诫那些内心尚不能臻至均衡安宁境界的青年诗人要远离爱情，他并不是要他们拒斥爱，在爱神的降临之时冷漠麻木，而是劝诫他们要注重内心的学习，用一切内心的努力去学习爱，仿佛一个虔诚的使徒在通往天国的阶梯上艰辛执着地攀登。一个内心狂躁不安的少年的情感世界，很难想象也很难享受爱情里面所真正包裹的全部含义——他们诚然没有沾染尘俗，没有尘世义务的牵绊，这使得他们可以以相对轻松真纯的心灵感悟情爱，去放纵他们的激情，必要时他们甚至会制造浪漫或痛苦去点缀他的情感生活。诗歌，花朵，那些甜蜜的隶属于天界的瑰美辞藻，是出于懵懂然而真挚的少年之口的，他们受到上天特别的眷顾；而我相信，每一个品尝过初恋情味的少年无不追恋这如同梦境一样的辰光！然而，他们并不知道，那种迷狂、颠倒、骚乱的情欲于真正的爱情的建筑是没有裨益的，它使得一种真正安详静美的情感变得无法驻足，在我们放纵自己的全部激情去渴望成就一种似乎轰轰烈烈淋漓尽致的爱情的时候，却恰恰为真正诗意、丰厚的爱情的展开埋下了危险的种子。

这也正可以说明许多被我们的眼睛和心灵所印证的事实，那些以狂乱颠倒的激情开场的爱情故事却往往以一种令人无限遗憾的结局而告终。最重要的根源在于，他们以年轻的极易迷乱动荡的心灵难以理解一种持久的爱情所真正需要的滋养。它不是瞬间的感动，不是故意制造的浪漫情境，不是用想象编制的偶像崇拜，不是大悲大喜的离合故事，也不是盲目的牺牲与愚妄的相思，不是用诗歌与梦境营造的理想天国，不是卿卿我我花前月下的山盟海誓；一种真正持久的坚韧的爱情，是两个心灵在彼此独立的根基之上的彼此分享和彼此温暖，它是一种巨大的信赖，在任何时候视爱人为自己的生命，甚至比自己的生命还要重要。他们捐弃了一切的猜疑，如同赤身站在造物者面前一样用全心来拥抱对方的全部生命，担负情感命运所引致的悠扬的欢乐与忧伤的节奏；它还要对爱情怀着一种虔敬的情怀，一种不可假借从不消逝的神圣的观念。

因为，一种真正的持久的爱情，总是展示出一种从容安详的姿态，她如同涓涓细流，从两个人心灵中最为纯净无染的地方淌出，以极端的温柔、耐心和隐忍的心怀，经过生命里那些险恶的礁石，最后从容不迫地融汇在无垠的海洋里。我们对于爱的共同的观念是：爱应该成为一种舒缓而诗意的节奏，而不是狂躁迷乱的节奏，爱应该是恬静，从容，让人在尘世中倍感信赖和温暖。但愿我们能享用并深深体味这些美丽的辰光，好给我们一生优美的回味留一个精彩的意味无穷的底色！

愿你细读那部《贝多芬传》，许多年来我得益于他，受到他的鼓舞与扶持。那种弥漫其间的壮美的英雄气息，曾滋养过我少年的精神，而这位扼住命运咽喉的艺术家，用他一生的光荣悲剧给我们以榜样，"倘使我们太弱，就让我们枕在他的膝上休息片刻罢，他会安慰我们"。

我随信夹的这页八行信笺，是很古旧的淡黄色，这表明它身上染着岁月的痕迹。这纸于我是一个珍贵的纪念物。我1996年底为陈岱孙先生整理旧刊时，曾有幸得到他保存多年的旧信笺，总共二三十页。兴致好的时候，偶尔我会写一两纸。这副"致广大而尽精微,极高明而道中庸"的联，一直是我喜欢的。那是三年前的春天的笔迹。

二零零零年一月十五日

泪与笑的边缘

——论爱六札

> 我记得那美妙的一瞬／我的眼前出现了你／有如昙花一现的幻影／有如纯洁之美的精灵。
>
> ——普希金
>
> 在爱情中，在献身中，在深入对方中，我找到了自己，发现了自己，发现了我们双方，发现了人。
>
> ——弗罗姆

（一）爱情是美人鱼在刀尖上赤足舞蹈

爱情是人类所有情感中最令人惶惑和迷醉的表现方式，同所有其他的爱的表现相比，爱情的面目异常纷纭模糊，历史上对于爱情的大量自相矛盾的描述更增加了爱情的神秘性和我们的迷惑。关于爱情的定义也许和关于人以及宇宙的定义一样繁多得令人匪夷所思。爱情是什么？在超人哲学家和唯意志论者尼采的哲学中，爱情和贪婪一样，只是同一种欲望的不同说法而已，爱情中所表现的对独自占有和攫取的追求是一种对于绝对权力的追求的变体；爱情的专制性和占有欲表明，爱情并不像她被诗歌和理想主义哲学所赞美的那样，是神圣的无私的纯净的超越自身欲望的绝对情感。在尼采看来，假如存在一种爱，在这种情感的延续中，两个人的渴求指向另一种新渴求，指向共同的更高的目标，即位于他们上空的理想，那么这种情感的准确称呼应该是友情，而不是爱情。但是，与尼采带有批判性的冷漠尖刻的现实主义观点相对比的是历代思想者们对爱情的赞美，这些赞美使我们相信爱情是一种可能存在的真实情感，而且是人类情感世界中最为引人入胜的神圣伟大的情感。文艺复兴时代的先驱者但丁曾经以热烈的语句赞颂爱情的伟大力量,人类在结束了对神的绝对和排他性的信仰之后,重新焕发了对人类自身的爱,爱情重新回到它的古典时代,闪烁着温情脉脉的光辉:"爱情是与阳光同在的上天的光辉,她照亮了人类的理性。"而大革命时代的思想启蒙者、情感澎湃的卢梭则更惊叹于爱情的力量:"爱情是吞噬一切的火焰,她使其余的感情燃烧起熊熊大火,给它们注入新的力量。所以人们才说,爱情创造了英雄。"这些互相对立着的描述显示出爱情作为一种情感的复杂性,人们对爱情的观点并不像在"母爱"这样的感情上可以得到相对的一致认同。

"爱情是美人鱼在刀尖上赤足舞蹈——惨痛但是美丽",我忘记了这是哪位哲人讲的话,我觉得这是有关爱情的最为精辟的论断之一。安徒生笔下的美人鱼,对于爱情怀着如此坚贞和确定不移的信念,那种狂热的牺牲精神成为一种纯粹的精神之爱的典范象征,当她在赤着双足、以无比的忍耐和信任、以对于爱情无比纯真的期待舞蹈的时刻,内心的渴望和幸福甚至克服了肉体上的惨烈的痛苦:痛苦此时成为一种更高意义上的幸福,成为一种对爱情的心灵奉献。美人鱼此刻的感受几乎成为所有处于爱情这种情感中的男女的心灵世界的象征，他们处于泪和笑的漩涡之间，摆脱不了爱情给予他们的刺入心腑的痛苦和难以言喻的愉悦。迈入爱情门槛之前和之后的人，会对爱情有着截然不同的期待：之前，他们幻想着天真烂漫的情感，渴望着在自己付出爱的同时也收获相应的爱，爱情在他们的头脑中还是一篇童话，地老天荒，永远燕舞莺歌；及至踏进爱情的门槛之后，他们才会醒悟到爱情的真正面目：希求在爱情中驱除寂寞的人此时也许感到更广大和深刻的寂寞，希求在爱情中得到心灵安宁的人反而深受爱情的煎熬与折磨，希求在爱情中寻觅浪漫的人发现了爱情世界的琐碎繁杂和平庸，此时他们对于爱情充满了怀疑和失望！

怀疑与失望的根源，是处于恋爱中的男女对爱情所持的深刻偏见和误解。我们能够幻想只有快乐没有痛苦的爱情吗？这种爱情的存在本身就使得爱情没有存在的意义，而爱情之所以存在，恰恰在于爱情所带给我们的那些不完美的东西，那些痛苦、寂寞、煎熬和折磨，从产生的那一天开始，就意味着我们对于爱情的更大的渴望和更迫切的期冀。爱情里面，确有轰轰烈烈的时光，可是更多的却是平平淡淡；那些琐细的平庸的时光，并不能磨损爱情的意义，相反，在那些宁静的平凡的时刻，两个心灵才能以平和而安详的姿态互相注视和理解，此时尖锐的欲望被疏远了，澎湃的激情暂时退却了，情感的湖面显得澄澈而静谧——只有在这样的时刻，我们才可以更真实更深刻地看到对方的心灵，犹如看到清清湖底的卵石和水草。爱情确实给我们无穷的甜蜜，可是这甜蜜却不是没有代价和理所当然的；当两个心灵还没有完全融合的时刻，一种无法排遣的忧伤苦闷和更强烈的寂寞就会袭击我们的心灵。可是这些苦闷不是没有价值的。经由这些苦闷，爱情会反顾自身，从而探索那些使心灵得以融合的秘密，消除两个心灵之间的隔阂与怀疑。所以，往往在极端的苦闷和伤感之后，两个人却因为短暂的有益的孤独的反省，而达到更高意义上的理解、依恋和爱。人只有在游戏里面才会有单纯的永远的快乐；爱情则不是一种游戏，而爱情超越于简单的游戏之处正在于她给我们的情感世界所带来的不可预料、变幻莫测的冲击。这是爱情的伟大魅力的源泉。所以，爱情之中的情人，当你遭遇痛苦的时候，仍旧以忍耐和平静的心相互爱恋吧，因为没有眼泪，就不会有伟大的爱情。

（二）只要有一双忠实的眼睛与我一同哭泣

爱情在很多人的眼里是一种矛盾的东西，这些人容易在爱情问题上陷入极端：要么将爱情视为一种至高无上的专一不二的情感，在这种爱情里，男女双方互相厮守着，以忠诚亲密的行为相互依赖，相互抚慰各自心灵上的恐慌和寂寞；要么则视爱情为一种枷锁，他们在爱情里面感到一种精神上的羁束，爱情的专一性和独占性妨碍了他们的自由选择。于是，爱情作为一种情感的价值就同自由这个范畴产生了不可分割的联系。广为传诵的裴多菲的名句，被中国式的翻译损害了他的原义，实际上，裴多菲的诗句是阐述爱情与自由的价值次序的最生动的作品："我要的只是——爱情和自由／我愿意用生命／去换取爱情／而为了自由／爱情又何足惜。"在裴多菲的观念里，生命的价值在于追求爱情与自由；然而当自由与爱情两者不可兼得的时候，对自由的渴望最终会压倒对爱情的需求。不过，裴多菲的诗句又是最容易引起误解的，似乎爱情与自由存在着天然的对立，而自由作为一种价值判断，又总是优先于爱情这种情感需要。

爱情是锁链吗？这个比喻是似是而非的：要回答"是"，则古往今来的无数人类去追求一种令人感到窒息与羁绊的锁链这种行为，纯粹是一种无法得到逻辑解释的荒谬举动；要回答"否"，则对于历史上真实存在的无数被爱情所奴役与压迫的心灵而言，简直是难以接受的答案。所以钱锺书先生将爱情（以及与爱情相联系的婚姻）比喻为一个"围城"，而历史上几乎所有的人都毫无例外地被这种"围城情结"所困扰：围城外的那些未尝试过爱情甘苦滋味的人拼命要进入围城，而那些饱经爱情甘苦滋味的过来人却要冲出围城；但即使是那些暂时想逃出围城的人，在短暂的徘徊之后，又会"好了伤疤忘了疼"，欣欣然又折回围城。

对爱情的理解逃避不了对自由的理解。在爱情没有到来的时候，自由是一种心灵的无所依傍的状态，爱作为一种情感还缺乏确定的对象来施与，此时的自由状态对于爱而言，恰是不能自由地实践爱，恰是不能将自己的爱情自由地灌注到一个倾心的他（她）者。此时的自由是一种无寄托的自由，其实质是心灵的不自由，即不能自由地实现爱的意志和渴望。所以这种自由，虽则漫无羁束，但对于一颗渴望爱情的心灵而言，却是毫无快意可言，这种自由只能带来无边的空虚和寂寥。而爱情恰恰是通过让渡一部分所谓的自由来换取两个人在心灵上的更高意义上的自由。当两个心灵彼此以一种庄严的心照不宣的承诺结合在一起的时候,先前的那种无所寄托的漂浮着的"自由"状态结束了,取而代之的,是一种以神圣的责任感和虔诚的奉献精神所看护的看似"不自由"的状态,而恰恰是这种不自由的状态,却给予我们以实践爱情的机会,让我们在爱情这种伟大的情感里面重新获得"爱"的自由。

而爱情是必然要求自由并应该使人获得自由的。假如一个人在爱情里失去了自由,感到一种被奴役和压抑的痛苦,那么在他的心目中,爱情的天地就必然逐渐暗淡无光。在车尔尼雪夫斯基的小说《怎么办》中,罗普霍夫对薇拉说:"爱一个人就是希望他幸福。可是没有自由便没有幸福。你不愿束缚我,我也不愿束缚你。如果你因为我而受到束缚,你就会使我感到痛苦。"因此,爱情的要旨是要使自己所爱的人感到在自己的爱情里面获得了自由,使他(她)在自己的爱情里感到呼吸顺畅,自由自在。给予对方以自由,就是给对方以人格上的尊重,并确信在这种自由里,你们的爱情会更加茂盛和茁壮。爱情是对自我心灵的解放而不是束缚,同样的,爱情也是对你所爱的人的心灵的解放而非束缚。爱情使一个人在对方的眼睛里发现了被湮没的自我，并将这种自我清晰而自由地释放出来。从这个角度来看，那些企图通过限制对方的自由以博得对方爱情的人，是再荒谬不过的了。限制对方的自由本身，就是限制了对方获得幸福的自由，因而也就同时毁灭了自己获得幸福的自由。事实上，许多人以专一为借口而实行的情感上的专制主义，成为许多爱情悲剧的根源之一。

"只要有一双忠实的眼睛与我一同哭泣，就值得我为生命而受苦。"这是罗曼·罗兰的名言。自由并不意味着可以不忠实，相反，在爱情的自由里，包含着一种郑重的以相互信赖和忠实为根基的承诺。自由是忠实的见证者，因为人们从两个相互给予最大自由和尊重的男女心灵中看到了彼此忠诚的承诺和巨大信任；忠实是自由的保护者，只有彼此的坚贞与忠诚，才能保护彼此给予的宝贵的自由，使这种自由得以在神圣的名义下使用而不是滥用。试图束缚对方的人不知道自由的可贵，而那些在自由的名义下滥用自由和放纵的人则是亵渎了自由的神圣含义。在现代文化中，"忠实"成为早已消逝的古典意识的象征，是一种早经干枯的标本，是一种难以再现的人类情感的化石。在《大话西游》中，那种以调侃的语调所承诺的"一万年"的爱情，实在是现代文化堕落的最好征兆：爱情成为奢侈品，成为一种被调侃的古旧的情绪,成为一种与游戏和娱乐等同的举动。我感到很悲凉。爱情在现代文化中已经不是一种信仰,一种宝贵的情感,而是一种休闲方式。这是这个时代最值得同情的心灵缺欠和心理疾病。

(三)在你之中我爱一切人

法兰克福学派的著名人物 E.弗罗姆在论述爱的不朽文献《爱的艺术》中,有一段非常经典的话:"如果我真爱一个人,则我爱所有的人,我爱全世界,我爱生命。如果我能够对一个人说'我爱你',则我必能够说,'在你之中我爱一切人,通过你,我爱全世界,在你生命中我也爱我自己'。"七年前,我正当大学时代读到这句话,觉得意味深长;在有了一些情感阅历之后,我更加感到这句话的深远意义。如果说爱情可以拯救一个人的话,它首先拯救的是这个人对于他人和世界的冷漠与敌视;如果说爱情可以改变一个人的话,它首先改变的是这个人对于周遭事物的看法,对于这个世界的观念,使他重新与这个世界达成友好的和谐。此时爱的对象扩展了,由对一个人的爱恋扩展到对于一切人乃至这个世界的友好感情,他(她)不再敌视这个世界,而是珍惜与这个世界的共处。

这是爱的神奇的力量。一个女子,假如在爱着并被爱着,她的面庞会变得红润有弹性,笑容改变了她面部的肌肉结构,那些麻木甚至冷峻的表情退却了,代之以生气勃勃的兴奋与自豪的神情。而那些憔悴的女人,不是因了年龄和体质,而是心灵缺乏浸润和浇灌的缘故,爱远离了她,使得她像由于缺乏水分和阳光而枯萎了的向日葵。凡·高曾经带着一种艺术家的欣喜,描绘他所拯救的弃妇在获得爱情之后表现出的神奇变化:

"今冬以来她的外表有了很大的变化,整个容颜都变过来了。当一个女人在爱别人或被人爱时,她会发生变化;而没有人关心她时,她会萎靡不振,失去往日的魅力。爱情使她焕发出美,她的发展又取决于爱情。……现在她的脸上是另一种表情,她的眼神看上去和以前不同,目光温柔而平静。这两天她月经来潮,苍白的脸上闪烁着幸福恬静的光辉,更显得妩媚动人。她比过去更有精神,更敏感……"这是我读到的凡·高最美的文字之一。无疑,在这些美丽的文字里面,也包含着这个长期孤独的艺术家自己的变化,粗鲁和冷峻在他的文字中不见了踪影,他的信里,满是温柔的享用的心情,是正在享受着爱并付出着爱的人所发出的甜蜜的吟唱。

善于用华美的辞藻描述事物的莎士比亚曾经以有趣的夸张语调颂赞爱情改变一个人的力量:"爱情使眼睛增加一重明亮,恋人眼中的光芒可以使猛鹰眩目;恋人的耳朵听得出最细微的声音,任何鬼祟的奸谋都逃不过他的知觉;恋人的感觉比戴壳蜗牛的触角还要微妙灵敏;恋人的舌头使善于辨味的巴克科斯酒神都显得迟钝……爱情像那以阿波罗的金发为弦的天琴一般和谐悦耳;当爱情发言的时候,就像诸神的合唱一样,使整个的天界陶醉于仙乐之中。"确实,一个处于恋爱中的心灵,仿佛增加了对这个世界的亲密的感受,他们变得敏感细腻,而不是对这个世界漠然不顾。爱情的滋润使得爱人重新发现了世界与他人身上所蕴含的美感和温柔,天空和大地尽管还与以前没有什么变化,但它们所代表的含义已经截然不同。爱情使情人们重新估价这个世界的价值,在这个过程里,情人们的内心世界也得到升华,就像巴尔扎克所说的,当他们"倾心相爱时,就会超越自己的猥琐品格而变得心灵崇高"。

弗洛伊德主义者往往把爱欲置于人类全部创造力的核心,爱欲成为一种充满无限潜力的力,引发和刺激人类自身的灵感与活力。在艺术家的创作中,爱情的作用更加突出,因为艺术首先是心灵的事业，是不能排除情感因素的创造活动。歌德因为爱情的触动而写出了不朽的著作《少年维特的烦恼》，把那受到爱情扰动和激励的心灵袒露给世界。贝多芬曾经为了自己心爱的女子创作出委婉动人的乐曲，《致爱丽斯》的优美浪漫的旋律，是音乐家内心欢跃和渴望的象征，那种温柔的倾诉之音，让我们窥探到了这个冷峻严肃的悲剧式英雄的心灵深处的奥秘。在卢梭的《忏悔录》和凯勒的《绿衣亨利》这些描写成长历程的名作中，有对于爱情的动人描绘，那些纯美的源自最朴质的少年心灵的爱情，宛如滋润人生成长的甘泉，将这些成长着的心灵引向更加高尚和完美的境界。这些爱情，不仅使他们认识和理解了异性的心灵世界，而且也认识和理解了自身；不仅唤醒了隐藏在他们内心的对于爱人的恋慕与关怀，而且唤醒了他们对这个世界的温情，坚定了他们对于这个世界的信仰。由爱自己，到爱一个人；由爱一个人，到爱所有他人；由爱他人，到爱这个世界——爱的信仰就是以这样的秩序扩展着，从而，爱情不仅改变了两个人的心灵，也改变了世界。

（四）集聚向上激动的心去学习爱

诗人、哲学家、戏剧家们的创作成为许多人认识和了解爱情的重要途径。不过，这些创作给人们带来的对于爱情的误解以至于偏见，严重地阻碍了人们对于爱情的深入理解。在中国的文学艺术中，爱情要么与市井红尘中的欲望联系在一起，如同明清一些香艳小说中所描写的那样，在这些爱情故事里，一见钟情式的爱情传奇构成爱情叙事的主要模式，充满着偶合、狂迷与放纵；要么就表现为一种带有悲剧色彩的与传统社会相对抗的行为，如在伟大的经典《红楼梦》或者"梁祝"这样的传奇故事中所透露出的那样，那里充满着爱情的古典主义的悲剧，宿命式的悲剧，带着浪漫的感伤情绪。在中国艺术里面，那种艰苦的爱情，两个心灵付出极大努力才能得到的爱情，是非常罕见的，这表示中国的艺术家对于爱情并没有真正的认识。而在中国哲学家那里，爱情更是一个陌生的禁忌的主题。西方的爱情观念，从柏拉图的精神恋爱到康德的理念之爱，从克尔凯郭尔的出于基督徒的激情的爱，到当代存在主义哲学所宣扬的显示人类存在意志的爱情，表现出各个时代对于爱情的纷纭的见解。柏拉图主义的爱情观念，尽管在宗教情结浓厚的中世纪曾经非常兴盛，但是在古典时代（古代希腊和罗马时代）的精神和现代意识中，却是被抛弃和抨击的理念。古典时代的爱情，是一种精神和肉体达到和谐均衡的情感状态，艺术家们重视精神的饱满与充实，在那些雕塑里面，充满了对人类和谐精神的赞美；而同时，古代希腊和罗马的艺术家又不回避肉体的激情，不忌讳那些正当的健康的性爱。此时，肉体的激情和欲望被和谐地整合到饱满的精神渴求之中，肉体并未排斥灵魂而堕落为单纯的欲望的奴隶，心灵也并未拒斥肉体的快感而成为纯粹的抽象的理念之爱。这是人类历史上心灵健康的时代，也是古典的爱情最为光辉的时代。

现代意义的爱情往往被理解为欲望的宣泄与本能的释放，这与弗洛伊德主义的盛行有着紧密的联系。爱情就是将人潜在的、压抑着的、尚未开发的欲望和激情释放出来，爱情在弗洛伊德那里成为一种与生死具有同样意义的本能行为。而这种观念也符合大众的普通的见解：爱情总是不期而遇地产生，那些处于寂寞境地的孤单的男人和女人，当遇到自己钟情的对象的时刻，会情不自禁地坠入情网，不能自拔。爱情仿佛与任何其他的事物有着本质的区别，这种区别就是，爱情是不可以预料、不可以选择的一种神秘主义的情感，在爱情里，只有本能的激情在主宰着，一切都取决于机遇和命运。这种误解不知道葬送和耽搁了多少爱情，但人类仿佛并没有觉察自己的错误，当一场爱情走入困境并最终破灭之后，我们就会怀着激情等待着下一场爱情的到来，不用做任何事情，不用做任何意义上的反省。爱似乎成为每一个成熟的男女都本能地谙熟的一种技艺，不需要艰苦的努力就可以掌握。

其实在人类所有的情感中，爱是最艰难的，尤其是存在于男人与女人之间的爱情。爱是艰难的，正如里尔克告诫年轻的诗人时所说的："以人去爱人：这也许是给予我们的最艰难、最重大的事，是最后的试验与考试，是最高的工作，别的工作都不过是为此而作的准备。所以一切正在开始的青年们还不能爱；他们必须学习。他们必须用他们的整个的生命、用一切的力量，集聚他们寂寞、痛苦和向上激动的心去学习爱。可是学习的时期永远是一个长久的专心致志的时期，爱就长期地深深地侵入生命——寂寞、深入地孤独生活，是为了爱着的人……它对于个人是一种崇高的动力，去成熟，在自身内有所完成，去完成一个世界，是为了另一个人完成一个自己的世界……"而我们周围，有几个是怀着这样恭谨和谦卑的心去学习爱呢？那些以单纯的欲望和激情开始的所谓爱，不过是寂寞的庇护所，是某种生物性的暂时释放。他们在还没有完成自身的工作之前，就以一种盲目的依赖和渴望进入两人的陌生世界，激情驱赶着他们，而当狂热的激情如同潮汐一样退却的时候，好奇心也随之消失，于是以激情开幕的爱情也被激情燃烧殆尽。

对这一个由激情开幕到爱情枯萎的过程描述得最精当和深刻的莫过于弗罗姆："当两个相互陌生的人决定要融为一体时，他俩相结合的一刹那就成为最幸福最激动人心的经历。这一经历对迄今为止没有享受过爱情的孤独者来说就更显美好和不可思议。这种男女之间突发的奇迹般的亲密之所以产生，往往与性的吸引力密切相关。但这种类型的爱情就其本质来说不可能持久。这两个人虽然熟悉对方，但他们之间的信任会越来越失去奇迹般的特点，一直到隔膜、失望和无聊把一息尚存的魅力都抹掉为止。当然一开始双方都不会想到这点。事实是：人们往往把这种如痴如醉的入迷、疯狂的爱恋看作强烈爱情的表现，而实际上这只是证明了这些男女过去是多么寂寞。"

所有持久的伟大的爱情都是需要一生来成就的事业。

那是一种长久的艰苦的学习过程。在那些宁静的凡庸的相处时光里学习，在那些彼此因为心灵上的误解而产生的隔膜、痛苦以至于仇视憎恨的情感中学习，还有那些因为欲望的诱惑而难以控制自己情欲的时刻，那些因为种种感情上的迷乱而癫狂的时刻，这些时候，正是检视自己灵魂的最好的时候。我们需要反省自己的内心是否有足够的虔敬去承载爱情的力量，去承载存在于两个心灵之间的隐秘然而却郑重的承诺。在那些因为内心的软弱、空虚或者焦躁而伤害了两个人之间的爱的时候，我们应该反省，我们是否培育了足够的忍耐、足够的坚强和足够的包容，去引领两个人的精神世界臻至和谐和完美。当对方因为种种生活中的灾难或者艰辛而彷徨沮丧的时刻，我们还要问自己，我们是否有足够的爱的力量，有足够的神圣的责任感，去鼓舞和扶持那个我们所深爱的灵魂走出沼泽，以无比的勇气担负对方的命运。在所有这些漫长繁复的学习之中，爱情的双方领略到一种超越于单纯的激情的持久的情感，它真实，悠长，饱满，向上。

（五）没有生命力就没有创造爱情的能力

我以前读过鲁迅先生的有些伤感的小说《伤逝》。涓生与子君，这两个被当时的新思想所鼓舞的青年，在冲破尘俗的束缚而得以结合之后，度过了异常"宁静和幸福"的时光。子君对于流俗的蔑视，那种面对流言和轻蔑时表现出来的坦然和镇静，勇敢和无畏，令涓生又惊讶又赞叹。但是这种令人留恋的安宁和幸福并没有持续多久，琐碎的家庭事物和繁复的摩擦，渐渐磨蚀了他们之间鲜活热烈的爱情，而由涓生失业所带来的家庭变故，又增加了压在他们心上的重负。勇敢无畏坦然镇静的子君变得阴沉幽怨，家务琐事占据了她的精神，于是生活不再充满生气蓬勃的气息，彼此酣畅的精神交流也因生活的压迫而停滞，所有由先前的爱情带来的情趣与欢笑，也变得枯滞沉闷。于是爱情逐渐地枯萎，直到消亡——涓生与子君最终分离，子君在孤独忧伤中死去，而涓生则"独自担负着虚空的重担"，默默地怀着忏悔生存下去。《伤逝》中的名句"爱情必须时时更新，生长，创造"，揭示了爱情得以持久和鲜活的秘密，实在是所有学习爱的人应该谨记的箴言。

爱情从本质上来说是一种分享，分享生活所赐予的乐趣与幸福，分享隐藏在繁杂琐事中的爱与关怀；但也同时分担，分担那些不可承受的生命的悲凉和沉重的命运，这时，分担就成为分享的一个部分。在这个分享的过程里，各自独立的心灵世界，以彼此都心领神会的方式唤起对方心灵里潜伏着的对这个世界的理解，鼓舞起对方心中仍旧隐含着的情感，使那一个被照拂的心灵就像被吹走阴霾的天空一样重新看到光明的霞光。此时两个人的生命力，被彼此的爱情所激发，焕发出特别炫目的光彩。然而，这个过程的前提是，要唤醒别人，首先自己对世界就充满了向上的情感，他自己充溢着饱满的生命的力，这些力不但激荡着他，也鼓舞着他内心那种渴望将自己的生命力传达给爱人的激情。所以，那些内心慵懒的百无聊赖的人不可能生产爱情，因而也就不可能以自己的激情感染和打动那被爱的人。一个人在自己一无所有的情况下，就不可能拿出东西来跟别人分享。所以，当你想给出爱并想获得爱的时候，你自己心里就必须准备了爱，仿佛内心盛满了琼浆，随时准备浇灌那需要的人。弗罗姆说："没有生命力就是没有创造爱情的能力"（《爱的艺术》）。而在《1844年经济学——哲学手稿》中，马克思说："如果你以人就是人以及人同世界的关系是一种充满人性的关系为先决条件，那么你只能用爱去换取爱，用信任换取信任。如果你想欣赏艺术，你必须是一个有艺术修养的人；如果你想对他人施加影响，你必须是一个能促进和鼓舞他人的人。你同人以及自然的每一种关系必须是你真正的个人生活的一种特定的、符合你的意志对象的表现。如果你在爱别人，但却没有唤起他人的爱，也就是你的爱作为一种爱情不能使对方产生爱情，如果作为一个正在爱的人你不能把自己变成一个被人爱的人，那么你的爱情就是软弱无力的，是一种不幸。"

这段话所指出的爱情里至关重要的要素——自身的爱以及唤醒他人的爱——恰恰是处在爱情中的人们时常忽略的。情人们常因为不能在对方身上唤起同样的爱而烦恼，他们把这种结果归结为对方心灵上的缺欠，这种缺欠导致对方或是不能恰当地理解自己的心灵奥秘，或是对自己和这个世界冷漠无情。这种偏见使大多数在爱情中失意的人不能以冷静和客观的心态省视自己的内心，检讨自己对于爱的观念。在爱情受到冷落和打击的时刻，我们往往陷于绝望和沮丧之中，甚至对这个世界充满了怨尤，仿佛是上天将本不该属于我们的灾患降临到我们的心灵。其实，任何爱情悲剧归根结底都是我们的性格和行为的结果，如果我们从检视自己的性格与行为、从反省自己对于爱的信仰来观照我们的爱情悲剧，那么我们就会平心静气地承认，也许我们在爱情里面还需要更多的学习和锤炼，我们还很幼稚，在爱情上，在如何爱他人上，在认识自己上，还处于一种无知的混沌状态。简单地将自己的爱情悲剧归结为命运，或归结到对方的过错，阻碍了我们对爱情的更深刻的体察。

如果你自己还没有爱，还不能承担爱所引致的泪水和欢笑，还难以用足够的生命力和理解力来丰富自己的内心，那么你还不能开始爱。在你渴望得到爱情的时候，你自己首先要具备可以与爱人分享的内心的宝藏，那些动人的丰厚的宝藏足以震动和激励另一个心灵，吸引它与自己的心灵融合为一。

（六）两个寂寞相爱护，相区分，相敬重

没有一种情感可以与爱情所引致的灵魂和肉体的完全融合相提并论，而正是这种带有神秘性质的灵肉结合，使我们产生了一个误解，以为这种结合是不需要条件的，而

且是应该理所当然地永远持续下去的。爱情不像亲情——例如母亲和孩子之间的情感——需要相当长的时间的关爱与眷顾来培育,爱情的发生有时确实并不需要很长的前奏和铺垫,似乎是瞬间的一种爆发式的情感。母亲与孩子之间,假若没有漫长岁月的相互依赖和情感上的长期沟通,就不可能达成心灵上的亲密关系。母亲与孩子之所以有仿佛血肉一样的坚固的感情联系,全是因为那种情感上的长期而持续的哺乳与被哺乳的关系,那里面形成一种深刻的依赖,即使在孩子成年之后,这种依赖仍旧以新的形式维持着。但是在爱情之中,那种心灵的激烈碰撞与交汇,一般都没有长期的共同生活和情感依赖为基础,而事实上,我们的经验可能完全相反:在那些有长期共同经历的男女之间,反而较少有激发爱情的机会,文学中所描述的两小无猜、青梅竹马、最终有情人终成眷属的传奇故事,真是太少见了。但是,爱情果然不需要条件吗?爱情果然可以以童话中所描述的那种神秘方式,先是一见钟情,然后坠入爱河,然后相敬如宾,然后白头偕老?

其实在所有一见钟情式的神秘爱情的开展中,都隐含着长时期的自我内心世界成长的前奏,正是那两个还没有接触的彼此独立的心灵世界中所培育的情感,最终奠定了那些神秘爱情的根基。那个寂寞的心灵，仿佛在茫茫的荒野中徘徊着；但这种彷徨无着的状态并非没有益处。在这种徘徊之中，这颗寂寞的心灵探究着外部世界和内心世界，痛苦地感知那些尘世中强加于它的苦难和迷惑，同时也积聚着它对这个世界的爱与同情、包容和理解。异性，对于这个寂寞的心灵而言，还是一个陌生的遥远的领域，是一个神圣的秘密的所在，仿佛沉寂在无边荒野之中的富饶的神秘城堡。这个寂寞的心灵，虽然满怀着好奇心和澎湃的激情，意欲探求这城堡的秘密，但是此时，它自身的神秘的工作还没有完成。那些痛苦和迷惑的情感，那些对于这个世界的爱和同情、包容和理解，全要渐渐变成一种清澈的信念，变成一种坚定的信仰，只有在这个时候，爱情的一方，才完成了自我心灵的全部工作。只有在这个时候，当两个经历了这样的心路历程的心灵在此时偶然相遇的时候，爱情才会迸发出来。两个彼此陌生的心灵，充分地感知到另一个丰满的心灵的存在，在更深刻的理解和认同之中，在一种巨大的相互信任之中，两个心灵彼此需要，同时相互给予——两个心灵终于找到了终生的倾诉者和庇护人。因此，爱情从本质上而言就绝不是世俗中所说的"追求"，一方对另一方的热烈的单向的锲而不舍的追求，直到追求成功。"追求"两个字,有着中世纪浪漫骑士的味道,是同追逐一个猎物并最终据为己有的那种自豪感联系在一起的,这两个字严重地误解了爱情的意义,这种误导,千百年来贻害无穷。

有关爱情的另一种误解就是上面提到的,幻想着那种由心灵的激烈碰撞所激发出的爱情之火会理所当然地持续燃烧下去。这种观念是非常普遍的,以至于人们认为爱情是一劳永逸的,只要两个人结合,只要"追求成功",就意味着一切努力都可以结束。有一次我与一个来自美国的教授交谈,他是一个虔诚的刻苦的基督徒,对家庭和爱情怀着庄严的神圣的观念。从他向我热情地展示他的儿子和妻子的照片这个举动上,可以感到他的温暖而强大的爱心。我问他,持久的爱情需要什么来支持,或者说,对于持久的爱情生活,值得警惕的事情是什么?他的回答让我非常吃惊,仿佛醍醐灌顶。他说,没有别的,就是不要以为这种爱就是理所当然的,不要"想当然"。事实上,许多爱情之花在婚姻之后就会慢慢地枯萎,那种激情和浪漫消失了,取而代之的是漫长的沉闷的生活,两个心灵逐渐失去彼此对话和沟通的欲望。他们以为爱情再也不需要努力,不需要创造,不需要学习了,其结果是爱情的必然消逝。不要"想当然",意味着我们应该用一生的诚实的努力和虔敬的心怀,去完善和巩固两个心灵之间的爱,在爱里学习爱,在爱里巩固爱,在爱里创造爱。爱情的激情固然值得赞美,那种狂喜和甜蜜是任何爱情不可以缺少的;然而更重要的,是一种持久的悠长的爱情,两个心灵彼此以坚贞的意志和深厚的情感,不断地以新的灵感注入对方的心灵中去,又不断从对方的世界中发现新的美和光亮。

关于爱情的另一种广泛的误解是两个心灵既然已经融合为一,此后就不必再互相区分,甚至有些情侣还把情感上的相互控制以至于奴役当成相互爱恋的象征。情感上的控制和奴役与真正的爱情有着重大的区别。实际上,越是在内心爱对方,就越是应当尊重对方的存在,这种尊重包含着对对方全部人格、特性和个人魅力的欣赏与认同。相互爱恋的两个心灵,自然会在爱情中改变着自己原来的面貌,但是所有的改变须在潜移默化的过程中,由对方自己去完成,而不是在一种强制中完成,更不是在奴役中完成。那种世俗中盛行的奴役和被奴役的情感方式,不但培育不出真正纯粹完满的爱情,反而为两个心灵更深刻和丰富的相互塑造设置了障碍。里尔克说:"两个寂寞相爱护,相区分,相敬重。"爱护不意味着不区分,而区分的目的是保持各自的独立性，让两个彼此独立的心灵以各自独立自由的意志发展自己的全部可能性，这是真正的爱情能够持久和保持活力的奥秘。弗罗姆说："爱情就是在保留自己完整性和独立性的条件下，也就是保持自己个性的条件下与他人合而为一。人的爱情是一种积极的力量，这种力量可以使人克服孤寂和与世隔膜感，但同时又使人保持对自己的忠诚，保持自己的完整性和本来的面貌。"让你的爱人在你的爱情里感到自由吧，自由意味着对于爱人的完全的信任、最大的包容和永远的尊重，这是对一个独立的心灵世界的敬重，是摒弃了任何奴役的、出于一种真正的深刻认同的敬重。

结语：爱情是一种信仰，一门艺术

爱情的话题是谈不完的，它包含着人类最大的奥秘。爱情之中焕发出来的活力，也许是这个世界存在的基本动力之一。不管人们对弗洛伊德的爱欲理论有何歧见，但是，凡是经历过爱情洗礼的灵魂，都不会否认爱情给予他们的灵魂世界的强大撞击和有力塑造。爱情，在诗人和艺术家的笔下，可以是吞噬人类的欲望陷阱，可以是令人迷惑的悲欢离合，可以是荒谬绝伦的情感游戏，也可以是鬼使神差惊心动魄的偶然艳遇和奇世姻缘。但真正的爱情与这些东西毫无关联。真正的爱情是一桩心灵的事业，是一种用全部虔诚捍卫的信仰，是一门伟大的永远没有穷尽的奇妙艺术。用我们的一生慢慢享用和体会吧。在任何时候，不要对爱情绝望。在任何迷惑和困顿面前，不要怀疑爱情。不论爱情包含着多少浪漫与神话，永远都不要期待爱情是完美的。没有一种艺术是完美的，艺术因其不完美才更显出魅力，才激起艺术家更大的创造激情。既然它是一门艺术，我们就应该用一种平和悠长的心态来观照爱情，以无比的耐心、无比的庄严感来修炼这门艺术，探索这个艺术殿堂的全部华美灿烂的奥秘。

二零零一年九月二十六日

生死之歌

死亡不是我们的敌人,我们的敌人是无知与没有爱。

许多人在病痛降临后开始内省,病痛使他们注意并探索心念及躯体,感受整体的生命。病痛是一种恩典,因为它促使人们放掉过往的自我形象,以新的方式认识自己,反省生命。

——(美)斯蒂芬·雷文《生死之歌》

（一）生与死的瞬间

我在燕园里蜗居了许多年，生命在消耗着，也燃烧着，也眼看着许多跟我一样的年轻的生命，在这个充满幻想的园子里消耗着，燃烧着。我们从没有反省，我们的青春的生命在我们一生中的意义，不曾领悟每一个刹那即逝的瞬间对于一个个体生命而言意味着什么。死亡是许多人感到陌生和恐惧的话题。可是在这个夜里，我承受着内心的惶惑和空虚开始思忖这个题目。我认识的一个朋友刚刚从这个世界中消逝。这是一个年轻的少女的生命。在我的印象里，她是一个非常健康的阳光灿烂的女孩子，她的明朗而纯净的笑容，会让每一个人深受感染。我还记得两年前的春天，我们一起到紫竹院访问一位老先生，她坐在紫竹院报恩楼的台阶上，异常专注地低头阅读，此时紫竹院内春树如云，各种花和初生野草的香气在四周弥漫，我被眼前的景象深深触动了，迅速为她拍了一张照片。在那一刹那间的静寂之中，使人对于在这静寂里悄然开展着的充满欣喜与憧憬的生命和青春，产生一种悠远的感动与怀想。可是这个生命已经归于虚无，归于我们每一个与她有过尘缘的人们的一种飘渺的记忆。我内心的震惊和无奈是无法言传的。我曾在报纸上看到她身着白衣坐在病床上依旧微笑灿烂的样子，心里感到无边的孤独与空虚。校园里贴着为她募捐的海报，许多怀着惋惜之情的热忱的人们为她献上自己的眼泪和爱心，校园的文艺社团在筹划着为她举行大型募捐义演。可是在义演的前夕，身患奇异绝症的她却永远离开了这个她热爱和留恋的世界。义演还是如期举行了，那是为这个青春的生命所奏的送别的哀歌。

我不敢想象她的亲人和挚友们内心的悲怆，我们没有任何方法可以延续和挽留她年轻的生命，对此，我们似乎只有叹息和哀伤。死亡以前就像一个陌生的幽灵，一个幻想中的存在物，此时却成为一个令人不得不接受的现实存在。对于年轻的活跃着的生命而言，死亡是一件还不必花费心思去琢磨的遥远的事物。我们或者不屑于讨论它，或者故意回避这个话题，甚至认为谈论或者思考这个话题本身就是某种精神上的空虚与怪诞的表现。而对于在这个世界上已经有很多阅历的饱经沧桑的人们而言，死亡是几乎经常上演的戏剧，他们由于经历了过多的人的死亡而变得麻木和淡漠。在许多民族的习俗之中，死亡被一种宗教的情绪所包围，人们借助各种信仰来否认死亡，试图在自己信仰的天国维系肉体的继续存在。也有一些民族把死亡当作嘲弄的对象,他们以一种近乎戏谑的幽默方式来谈论死亡,在逝者的葬礼上以从容欢愉的歌唱来迎接死亡。历来的哲学家,不管是东方的还是西方的,死亡总是他们最好的哲学话题之一,因为有生命就有死亡,死亡是生命的另一个说法而已,他们对于死亡的各种纷纭的阐释,足以使得试图探究死亡之真正意义的阅读者产生困惑以至于绝望。表面上,死亡是一个纯粹思辨的题目,正如伊壁鸠鲁所说的:"我们活着的时候,死亡还未到来;死亡来临时,我们已经不复存在。因而死亡与生者和死者都无关。"死亡不是一个可以凭借经验而得到结论的题目。没有人经验过死亡并能够为我们描述死亡的景象和感受,这是一种令思考者几乎绝望的悖论。但是死亡所给予我们的空虚感和恐惧感不是伊壁鸠鲁式的唯物主义就可以开脱的。尽管思考死亡的问题是一种徒劳,没有人能够有足以征服一切人的结论,但是正如周国平说的,"思考死亡是一种有意义的徒劳"。

(二)超脱与接纳

几乎没有人可以面对死亡而无动于衷,如果有,那也是一些非同寻常的卓绝人士,他们可以了悟生死,不为尘世所牵绊。庄子是中国历史上一个罕见的智者,也是谈论生死问题最频繁的哲学家之一。在庄子看来,生死都是天地之间最自然之事,是宇宙中和谐秩序的组成部分,生不值得欣喜,死也不值得恐惧,只须坦然接纳,不必执着。他说:"大地给我形体,用生使我劳苦,用老使我清闲,用死使我安息。所以善于把握自己的生的,也就可以善于安置自己的死。"《庄子》中记载,庄子在楚国遇见一个骷髅,并与骷髅进行了一场有关生死问题的饶有深意的对话。庄子问骷髅:"你是贪心而死的吗?你是亡国的时候被刀剑砍死的吗?你是饿死的吗?你是冻死的吗?还是你的春秋已尽,自然地躺在这里死的呢?"骷髅不答。夜晚,庄子枕骷髅而眠,梦见骷髅对他说:"你方才所说的生命的累赘,在死后完全归为乌有。死后,无君无臣,也没有春夏秋冬,悠哉与天地同化,天地的春秋即是我的春秋。"庄子说:"我不相信你描述的死后的情景。我叫司命之神去让你复活,还你父母妻子,让你回到家乡,可否?"骷髅闻之,仓皇逃遁避之唯恐不及。有这样的观念,我们就不难理解他在妻子死后鼓盆而歌的似乎叛逆的举动了。

但是庄子并没有用所谓灵魂的观念来为我们解脱生死。

在西方，也有一个智者在死亡的门槛为我们描述了他对死亡的超脱观念。苏格拉底是第一个为自己的哲学而献身的哲人，在饮鸩自杀之前，他却与他的门徒朋友从容不迫地谈论死亡和灵魂的问题。在柏拉图的《斐多篇》中，苏格拉底对门徒们忧郁悲伤的样子似乎不太满意，他开脱他们说："我并不认为我当前的处境是不幸。你们好像把我看得还不如天鹅有预见。天鹅平时也唱，到临死的时候，知道自己就要见到主管自己的天神了，快乐得引吭高歌，唱出了生平最响亮最动听的歌。可是人只为自己怕死，就误解了天鹅，以为天鹅为死而悲伤，唱自己的哀歌。他们不知道鸟儿饿了、冻了或者有别的苦恼，都不唱的。天鹅见到另一个世界的幸福就要降临，就在自己的末日唱出生平最欢乐的歌。我临死也像天鹅一样毫无愁苦。"与庄子的自然秩序的观念不同，苏格拉底却一面用尘世中流行的灵魂不灭的观念来解释死亡，可是一面却坚信"死亡就像没有知觉，如同没有梦的睡眠"，与平素的有梦的睡眠比较，这种无梦的夜更加惬意。苏格拉底的这种矛盾的说法恰恰反映了他内心对于死亡的尴尬处境，尘世中有关灵魂的说法并不能得到验证，而将死亡比喻为睡眠也不能消除世人对于死亡的犹疑与悚惧的心理。但是不管怎样，苏格拉底面对死亡的从容姿态，在人类的历史上具有某种浓厚的象征意义，甚至具有某种哲学上的美感，他似乎向我们暗示了，一个具备高度智慧与觉悟的智者，可以凭借自己的悟解而超脱死亡，勇敢而平静地接纳死亡，征服由死亡带给世人的空虚与惊恐。

（三）死亡开启生的顿悟

死亡本身是没有任何意义的，但是经由探讨死亡，我们却可以窥探生的意义。换句话说，死亡可以折射生命的光芒，揭示生命的根本。有个佛陀故事叙述一位妇人死了儿子。她在极度悲痛之下，怀抱儿子余温犹存的尸体向邻居求药。邻居说她疯了，妇人全不理会，径直去找佛陀。妇人向佛陀哭道："给我药，治好我的儿子。"佛陀回答："我会帮助你，不过我需要一把芥菜种子。"妇人十分高兴，满口答应下来。佛陀接着说："你必须找到许多人家，没有一家死过小孩，丈夫，父母或者朋友，你得向每一家求一粒芥菜种。每一粒种子都必须来自不知死亡为何物的家庭。"妇人立即挨家挨户去讨菜种。邻人见她可怜，纷纷道："这里有一粒芥菜种,拿去吧。"但是她一开口询问"请问您家是否死过一名儿女或父母?"人们总是回答:"唉,生者寡而死者众,请勿触及我们最深的伤痛。"没有人家从未经历挚爱亲人死去的痛苦。时间一分分过去,妇人重新感受到丧子的疲惫与绝望。她坐在路边,凝视灯火明灭,夜的黑暗笼罩大地,她静静坐着,沉思命运的无常。妇人回去见佛陀。佛陀明了经过这一夜,妇人更加了解人生了,便开导她:"世上一切生命都是短暂的,充满了痛苦与烦恼。既有生命,就无法逃避死亡。"妇人接纳了痛苦,把儿子埋在森林里,自己皈依佛陀门下,走向追求解脱的心灵历程。

妇人的解脱是从思考死亡而获得的,死亡成为了悟生的最有效的途径。我再讲一个我读到的故事。有个人学禅不久,向一位禅师询问能否追随大师学习禅。大师回答:"你有没有为死做好准备?"他困惑地摇头,说:"我不是来求死的,而是来习禅的。"大师说:"你如果不愿死,就没有坦然走入生命的准备。等你不抵抗任何事物,准备坦然进入生命之后,再来找我。"在尚未进入死亡准备的时候,你就还未为生命做好足够的准备,只有瞻望过死亡的远景的人,才会真正地以宽厚、坦然、勇敢的心灵来面对生命的实在。在纷扰的尘世之中,我们往往为各种琐屑的事务而奔波劳碌，而费尽心机，而寝食不安，但是却从来不曾停下来，在寂静的深夜扪心自问，寻求这些行为的意义，拷问自己的生命的根底。著名的印象派画家高更曾经有一幅杰出的油画，其标题足以让人感觉震撼和深思，这个标题是：《我们是谁？我们在哪里？我们在做什么？》。我们是否经常这样以哲人的姿态拷问一下自己？我们是否对于当下生命的存在有一种庄严和敬畏的心怀？我们是否足够认识死亡的必然性并由此更加反省生命所应该秉持的姿态与信仰？很少有人能够有余暇和心情来思索这些看似飘渺的不着边际的事情。这也正是许多尘世中的人的可悲之处。

（四）唯有此刻才是真实

中国的经典哲学中很少有像庄子那样频繁讨论死的哲学家，这与中国国民性中重生轻死的观念有关。孔子是关注现世的哲人，他说："未知生，焉知死？"虽然充满了对于现世的关怀，但是也为中国人的理念中埋藏了一种不能严肃而客观地谈论死亡的倾向与习惯，这种习惯使得国人对于死亡总是不能以公允平和的姿态来观照，总是有讳莫如深之感。日本的国民性中有一种对于死亡的决绝的观念，视生命为瞬间的绽放，犹如春日骤然开放的樱花，尽极绚烂，转瞬即消逝殆尽，有一种凄美的情调。死亡不是艰苦的磨折和漫长的途径，而是一种瞬间的幻化，在生命与死亡之间只是隔着一层并不神秘的脆弱的黑幕。在西藏的民众中，盛行着来世的幻想，而那些为信仰而献身的僧侣对于死亡则怀着异常超然的姿态。西藏僧侣深知人可能在任何时刻死去，遂将死亡看作开悟的工具，他们时时提醒自己死亡无处不在。他们了解没有任何东西能保证自己将活到明天，所以他们专心生活。面对死亡之际，活到永远的幻觉与预设只会困扰自己。事实上，"我们只能拥有现在，过去与将来都是幻梦，唯有此时此刻才是真实"。

是的，唯有此刻是真实的，生命与死亡之间不存在绝对的不可以逾越的界限与鸿沟。生命的水流来自此岸，却向着死亡的彼岸缓缓地流淌，没有一天停止过。生命的意义和价值只有在死亡的坐标中才会有明确的位置，人们却为了逃避死亡的威胁而求助于上帝，而上帝却并不教导人怎样死，却是教导人如何生存，正如里德所说的："上帝不是掌管死的上帝，而是掌管生的上帝。"

生命个体的孤独感和没有归宿的感觉，会使人产生一种深深的惶惑，转而质询生命个体在历史长河中的位置与意义。陈子昂有首流传千古的诗篇："前不见古人，后不见来者，念天地之悠悠，独怆然而涕下。"这是一种站在人类历史的边缘俯瞰和观照历史的时刻所发出的深深的浩叹。在这条长河中，人作为一个微不足道的个体，是如此偶然地生存于这个星球之上，如此偶然地与这个历史发生联系，而又将如此短暂地维系这个关系；在死亡之后，天地悠悠亘古不变，而我们作为一个个体却注定如同一个脆弱的泡沫一般迅速消逝。在我们与这个历史的短暂而脆弱的联系之中，不管是生，还是死，似乎都不是我们可以左右和掌握的：我们的降生纯粹是一次未经我们许可的偶然事件，而我们死后的广大时空又完全在我们的感知之外。我们能够感知并把握的只是在两者之间的短暂时光，这是真实的可以言传和触摸的生存。

（五）永恒的生活力量

周国平是一个对于生命有着独特感悟的哲学家和诗人，他的文字中，弥散着一种庄严的情感，对于生命的虔诚的追问，和对于生存意义的执着的探寻。他说："一个人只要认真思考过死亡，不管是否获得使自己满意的结果，他都好像是把人生的边界勘察了一番，看到了人生的全景和限度。如此他就会形成一种豁达的胸怀，在沉浮人世的同时也能跳出来加以审视。他固然仍有自己的追求，但不会把成功和失败看得太重要。他清楚一切幸福和苦难的相对性质，因而欢乐时不会忘形，痛苦时也不致失态。"但是，每一个读过《妞妞：一个父亲的札记》的人不会忘记渗透在文字之间的深深的无奈和真挚悲怆的情感。死亡教会我们思考生命的哲学，但是，一个婴儿的死亡却使得任何哲学思辨与形而上思考都难以将我们的感情超脱。"死是荒谬的，而我所看到的又是世界上最荒谬、最不自然的死——一个健康美丽的婴儿的预先宣告的、不可挽救的死。""你的小身体既新鲜，又饱满，喷发出甜柔清新的气息。可是，不久之后，这一个触着嗅着都新鲜醉人的小身体就要归于尘土。"读过这些浸着血泪的文字，我每每陷入悲痛，不能自拔。

这种悲痛是任何哲学无法消解的。但是一种爱，一种坚定的虔诚的爱，使得哲学家相信生命没有短暂与长久之分，爱会使人的生命得到延续，进入永生的境界。他说："既然你身边的死亡是真实的，远处的生活岂非全属虚假？

对于我来说，目前唯一真实的生活不在远处，就在你身边，在死亡和我争夺你并最终将把我击败的地方。""死神终将把你夺走，却夺不走你留给我的这爱的赠礼。"这种爱是超脱于功利之外的，它从属于一种更为广大和永恒的原则；这种原则适用于生命留存的时光，也适用于生命消逝之后的无边无际的岁月。

彼岸不是我们平常所听到的极乐世界或是天堂，它是一种永生的精神境界，在这个世界中，死亡与生命只有形质上的区分，而没有本质的差别。里德在《基督的人生观》中说："如果死亡只是意味着在无益的痛苦中一切东西都结束，加深爱这种会结束的东西又有什么意义呢？如果不存在彼岸世界或者永恒的东西，阻止这种爱才是最大的仁慈。"死亡并未结束一切，而是开启了一个世界，那里存在着永恒意义的爱的生活。从这个意义上说，死亡为我们真正的生命的智慧点燃了烛火，给予我们生存和死亡的双重力量。它使得我们呵护生和热爱生，并使得我们坦然走向死和接纳死，它们是同一种开展着的秩序的两种不同的变奏。"当我们强烈地意识到这种永生精神的真正性质和死亡的存在时，一般说来，我们就会获得这种永恒生活的经验。在这种情况下，死亡展现出了它自身的重要性，它使我们意识到存在着某种不会被毁灭的东西。永恒的生活表明它自身拥有一种摆脱死亡的力量。这种力量在基督被钉上十字架时表现出来的精神中达到了它的最大极限。"

在无边的黑夜里,我用遥远的思绪祭奠和祝福曾经饱满和鲜活的而今已经默默地隐去的生命。有无数生命已经隐退在无边的历史的夜幕里,那里存在着某种存在过的思想、感知与悲欢,那些存在物是各种偶然的瞬间的积聚,它们被当下的存在所接续和繁衍。然而还会有无数的生命将在当下的存在消逝后而依旧存在,这是一条宽阔的永恒的河流,被一种恒久的原则贯穿着,它承载着无边的生命与死亡的故事,向一个更加无边的未来流逝。

二零零一年四月五日

生命与死亡的听课笔记

——读《最后十四堂星期二的课》的札记

半夜里忽然下起大雨,哗哗的雨声在深夜里格外响亮,清脆,竟使我醒过来。躺在床上静静地听雨,思绪飘到很遥远的所在。春雨有一种缠绵的气息,与冬天的雨不同。冬雨使人感到落寞,凄清,脆弱;而春雨却有处子一样的温存和柔和,细细地滋润人的心腑,所以老杜有诗说"随风潜入夜,润物细无声",想起来实在感到老杜诗笔的绝妙。

早上起来,打开窗户,外面地上都是湿的,高大的橡树也是湿润润的,充满着春天的气息,尽管树上还没有出现一个叶苞。这些天以来,明尼苏达的风柔和了许多,晴天的时候,在外面行动的人也多起来。大家穿的衣服也极为混乱，有的还穿着羽绒服，有的穿着短大衣，而有的则已经穿着短裤和短袖衫从容来去，让人感到实在凉快得有些夸张。

上个周末天气略好，几个人就兴致勃勃地开车出去，到威斯康辛州和明尼苏达州交界处的一个公园去游玩。初春天气有些微寒，而气息却柔和很多，不至于让人感到冷峭。公园里峻嶒的山石和茂密的树木在夏天可能更有可观赏之处，初春时节却显得有些荒凉。圣克罗伊斯河（St. Croix River）是两个州的界河，水流缓慢，颜色也像很酽的样子，周围山上的积雪还没有完全融化，融雪流进河水，使得河水特别冷冽。顺着夹山的河流望过去，还颇有一点气派。正在想着"两岸青山相对出，孤帆一片日边来"的诗句，不想远处果然缓缓流过来一叶白色独木舟，悠悠然的样子，那个划独木舟的好像是一个老人，戴着白色的软帽，一边划着独木舟，一边好像在向岸边微笑。他沉浸在他的世界之中，自得其乐，你可以想象他独自划一叶独木舟逆流而上或顺流而下的心境，必是悠然渺然，在微微的寂寞的充实里享受这河水和周围的山色，浏览山上笔直的松树和杉树，欣赏山间星布的积雪，那种感觉一定是微妙而不可与人分享的。我拍了一张这个划独木舟的老人的照片，很美，一个人独自欣赏了半天。

我从朋友那里借了一本书来看,这本书的英文名字是"*Tuesdays with Morrie*"(By Mitch Albom),中文名字译作"最后 14 堂星期二的课"。从某种意义上来说,这是一本特殊的关于生命与死亡的听课笔记,是一个哲人在弥留之际、在严酷的病痛中赠给世人的真实的哲思记录。米奇的社会学老师墨瑞,为人善良而幽默,热爱生活,深知生命乐趣。可是在生命的最后,他得了一种奇怪的可怕而无情的神经系统疾病,这种疾病名字是"肌肉萎缩性脊髓侧索硬化症"(Amyotrophic Lateral Sclerosis, ALS, or: Lou Gehrig's disease)。ALS 的特点是从脚开始出现肌肉萎缩,然后逐步向上蔓延,身体逐渐瘫痪,直到侵入肺部,最后窒息而死。在这漫长的过程中,病人在神志完全清醒的状态下逐渐感到自己生命的萎缩和消逝,病痛逐渐加剧,直到全身都不能活动,仿佛身体成为一具废旧的皮囊,而大脑依然清醒活跃。

米奇是墨瑞的学生,在求学之时曾与墨瑞有过亲密而深刻的沟通,颇得墨瑞的赞赏和喜爱。毕业之后,米奇进入这个芜杂纷乱的社会之中,在尘世里为了生存和发达而劳累奔波挣扎拼斗,理想幻灭,与世浮沉,丧失自我。16

年后，米奇在一个偶然的机会与昔日的恩师重逢，可是墨瑞已经患上绝症，只剩下生命中的最后几个月时间。墨瑞在生命中最后的时光中所闪耀出来的人生光华，那种对生命的超脱和明达，那种仿佛于涅槃之际的顿悟，那种在生命尽头表现出来的睿智和从容，感动了周围的人，也深深打动了米奇。师生商定，在每个周的星期二，就生命、死亡、恐惧、衰老、贪婪、婚姻、家庭、社会、宽恕、爱、事业等重大话题进行讨论。这是一项特殊的生命体验课程，米奇在这个过程中目睹了老师生命的逐渐消逝，也得以在这个过程中，从老师睿智的感悟中获得生命的启示。

在这本书的中译本中，写着这样的话："本书作者在昔日恩师的生命的最后几个月，每星期二到老师家里探望。这位诲人不倦的老师，面对着死亡的一步步逼近，不仅自己勇敢面对，穷究其多方面的意义，更藉着与学生米奇的谈话，一点一点柔软了米奇因世故而僵硬的心，让他重新看待生活。这位墨瑞，诚实地看见自己在死亡面前的恐惧、脆弱与哀伤，承认自己对人世的眷恋不舍，但他挣脱这些情绪的束缚，展现出洞彻人生之后的清明与安静，并且带有幽默感。也许你和作者一样，年轻时曾遇到过这么一个人，他比你年长，有耐心又有智慧，懂得你年轻彷徨的心，教导你为人处世之道。但是，你后来与他断了联络，独自在人生路上奋斗，你的视野变窄，你的梦想褪色。再没有人在你身边为你指引方向，告诉你生命的路该怎么走。作者在这样的时刻和老师重逢，上了最后的一门课，一门学着如何活在世上、如何对待死亡的课。如今我们也有幸旁听这门课，汲取其中的温暖与智慧。这是一个会发光发热的真实故事，读后让你一辈子感到温馨。"

在本书的编辑笔记中写道："本书是一位年轻人向一位垂死的老人家学习生死之智慧的故事，朴实的字句里含有无数动人的意念，在琐碎复杂的生命痕迹中，筛出足以令人顿悟的单纯。对于如何'活着'这件事，我们总有自己的哲学，关于何者重要何者可忽视，谁没有一番说法。然而，现在有这么一个人，他已能预知自己的死期，由他来说出生命中真正值得重视的课题，告诉我们应该如何生活，我们能不安静谛听？不是非得伤痕累累才能悟得生活的道理；有些人的生命如蚌之容沙，把折磨与痛苦培养成一颗颗珍珠。若我们懂得欣赏他的珍珠，便是上了人生的一课。"

墨瑞的许多隽语平实而深刻，有时那种直接穿透人心的力量简直让我惊讶。你没有办法不倾听一个已经收到死亡邀约的老人内心充满智慧的反思，你不能不相信那些简短而质朴的话语后面所包含的真诚和洞察。如果将那些隽语妙言抄录下来，绝对是最好的生命语录。我试着挑一些精彩的篇章与大家分享：

一、"当这一切开始的时候，我自问：'我是要和大多数人一样，从这个世界退出，或者是要好好活？'我决定我要好好活着，至少要尝试着好好活，照我想要的方式，带着尊严，带着勇气，带着幽默，带着冷静。""有时候我早上醒来会哭个不停，为自己而伤心。有些早上我则是既愤怒又不甘。但这种情况不会很久，我会起身，说：'我要活下去。'"

二、"死亡，是件悲伤的事，但活得不快乐也是悲伤。来看我的人，有很多都不快乐。""首先，我们的文化让人们无法自知自适。我们教的东西不对。而你要十分坚强，才有办法拒绝这错误的文化，才能自己找到出路，创造自己的文化。这点多数人都办不到，他们比我更不快乐，虽然我现在是这副德性。我快死了，但我身边有爱着我关心我的人。多少人能有这个福气？""米奇，我心知肚明。你不要害怕我的死亡。我这辈子过得不错，我们都晓得迟早会有这一天。我也许还剩四或五个月。"

三、"生命是一连串的来回拉锯。你想做某件事，但被迫做别的事。某件事伤害到你,而你知道这不应该。""爱会得胜。爱一向都得胜。""因为这是依赖别人的最终征兆,要人为你擦屁股。不过我在努力,我试着享受这过程。""到头来,我又变成一个小宝宝了。""我现在不得不用独特的观点看生命。你看,我无法上街购物,无法管理银行账户,无法出去倒垃圾。不过我可以坐在这里,数着不多的日子,思索着我认为生命中最重要的东西。我有时间,也有理由这样做。""米奇,我要让你比较放得开。有一天我要让你知道,哭没有关系的。""要不要我跟你说,我从这场病学到最多的是什么?""生命中最要紧的事,是学着付出爱,以及接受爱。""去接受爱。我们以为自己不值得爱,我们以为若是接受了爱,会变得软弱。不过有个叫LEVINE的智者说得对,他说:'爱是唯一理智的行为。'"

四、关于自怜。"我有时早上起来会自怜,我那时候会悲伤。我摸摸自己身体,动动手指手臂,动动我还能动的部位,为我失去的东西悲伤。我悲伤我这种缓慢无情的死法,然后我就停止悲伤。""如果必要,我会好好哭上一场,但哭过后我会专注在生命中仍未失去的好东西上面:来看我的人,我听到的事情,还有你。""米奇,我不准自己进一步自怜。每天早上一点点,流几滴泪,就只是这样。""你认为可怕，它才会可怕。看着我的身体慢慢萎缩至死，是很可怕，但这也很可喜，因为我有充分的时间说再见。不是每个人都如此幸运。"

五、"有些日子我心情低落。我不想欺骗你。""当我这里有朋友及关心我的人，我就很开心。他们的关爱慰问支撑着我。""我是这么回信的。亲爱的芭芭拉：你的信让我很感动。你对这些遭受丧亲之痛的孩子悉心付出，我觉得意义十分重大。我自己小时候也失去了母亲……（这时候墨瑞咬着嘴唇，开始抽噎起来，眼泪顺着鼻梁滚下。）我小时候母亲就死了……这对我是很大的打击……我真希望当时有你这样的班级，好让我把心里的悲伤讲出来。我会成为你的学生，因为……（他已经泣不成声）因为我觉得好孤单……（这时访问者说：墨瑞，你母亲过世已经是70年前的事，心中的伤痛还在吗？）那还用说。"

六、关于超脱。"你要知道自己会死，并且随时做好准备，这样就好得多。这样你在活着的时候，就可以真正的比较投入……要学佛教徒那样。每天都想象有只小鸟儿站在你肩上，问着：'就是今天吗？我准备好了吗？我一切都尽了力了吗？我是否问心无愧？'""米奇，事实上，只要你学会了死亡，你就学会了活着。""你把那一切都剥除掉，专注在重要的东西上。当你自己就要死了,看事情就会相当不同。""事实上,你如果真的倾听你肩膀上的那只鸟儿,你如果真的接受你随时可能死去的这个事实——那么你可能不会这么争强好胜。""你花这么多时间去做的事,你做的这许多工作,可能不会显得那么重要。你可能会想多花些时间在心灵的东西上。""我也不知道'心灵成长'究竟是什么意思,但我确定我们少了些什么东西。我们太过重视物质的东西,而这些东西却不能满足我们。""我不能出去,不能跑步。但你知道吗?我比你更能懂得那扇窗户的价值……我每天从那扇窗户向外张望。我注意到树木的变化,注意到今天的风是强是弱。我好像可以看到时间从窗棂之间溜过。我知道自己来日不多,因此我深深被大自然吸引,仿佛我眼前看到的都是第一次。"

七、关于家庭。"如果没有家庭的话,我们根本没有立足之地,没有任何依凭。我生病以来愈来愈感受到这一点。如果没有家人的支持、关爱、照顾和关心,你就几乎什么也没有。爱最最重要,我们的大诗人奥登(W.H.Auden)说:'不相爱,即如死灭。'很好的句子,不是吗?没有爱的话,我们都是折翼的鸟。""家庭就是如此,不只是互相关爱,还要让对方知道你在时刻注意着他。我母亲过世时,我最感痛失的就是这种感觉,可以说是'精神上的安全感'——知道你的家人总是在一旁守护着你。这没别的东西可以取代,金钱不行,名声也不行,工作也不行。""别人问我应不应该生小孩的问题时,我不会教他们怎么做。我只是简单地说:'没有别的经验比得上生儿育女。'就这么简单,这件事没有别的可以取代。朋友不行,爱人也不行。如果你要对另一个人负起完全的责任,学着如何去给予最深的爱与关怀,那你就应该生小孩……(这时访问者说:那你愿意再来一遍喽?)我说什么也不会放弃这个人生经验。即使是……即使是你得付出一项很高的代价……因为我很快就要离开他们。"

八、谈论超然。"现在我试着超然于经验之外。是的,超然于物外。这很重要。不仅是对我这样快死的人重要,对你这样健健康康的人也很重要。要学着超然不执着……你知道佛教徒怎么说?不要执着于万事万物,因为万事万物均无常……不执着的意思,并不是你不让感觉经验穿透你,事实上正好相反,你要让它完全穿透你。这样你才能将它放下。……随便举例——对一个女人的爱,或失去所爱的人的悲伤,或是我现在所遭受的,因病因死而带来的恐惧与痛苦。如果你压抑情绪,不让自己完全体验它,你就无法不执着,因为你忙着在害怕。你害怕痛苦,你害怕悲伤,你害怕爱所带来的易受伤害的心。但你若全心投入这些情绪,让你整个人没入其中,你就完完全全体验到它。你就知道什么是痛苦,你就知道什么是爱,你就知道什么是悲伤。唯有如此你才能说:'很好,我体验了这个情绪,我认出了这个情绪,现在我需要从中脱身。'""我不想在惊惧之中离开这个世界。我要知道事情是怎么着,接受它,心中平静下来,撒手而去。"

九、谈论衰老。"我开始享受我的依靠别人……我闭上眼睛,沉浸其中。这些让我觉得似曾相识。这很像是回头当小孩。有人帮你洗澡,有人把你抱起来,有人帮你擦拭。我们都知道怎样当一个婴孩,每个人心中都有一个小孩。对我来说,这只是回想如何享受它。……事实上,当妈妈抱着我们、摇着我们,摸着我们的头——我们从来都是再怎么也不嫌多。我们都以某种方式,渴望重回那些自己完全受人照顾的日子——无条件的关爱,无条件的照顾。""卖弄年轻的这一切——我不吃这一套。听着,我知道年轻有时是很悲惨的事,所以别跟我讲年轻有多好多好。那么多年轻人来看我,带着他们的挣扎、他们的辛酸、他们的自卑、他们对生命的绝望,痛苦到几乎想自杀……除了这些痛苦之外，年轻人也不懂智慧，他们对生命了解甚少。你若不知道生命是怎么回事，这样过日子又有什么意思？""米奇，我拥抱年老。""你年纪越大，就懂得越多……年老并不只是衰老。它是成长，它不只是你年复一年离死愈近的消极面，年老也是你了解到你将要死亡的积极面，而你因此更懂得好好过活。""米奇，老年人不可能不羡慕年轻人。但重点在接受你之为你，并且乐在其中……你得要找到像你现在生命中这样的善、真、美。回顾过去让你满怀斗志，但年纪不是与人拼斗的事。""说真的，我身上可以找到每个不同的年龄。我是三岁大，我是五岁大，我是三十七岁大，我是五十岁大。我活过这些年纪，我知道个中滋味。应该做小孩的时候，我高高兴兴做小孩。应该做智慧老人的时候，我高高兴兴做智慧老人。想想我能做多少！我经过每个年纪，一直到我现在的岁数。你懂吗？""我自己也活过你这个年纪，我又怎么会羡慕你呢？"

十、谈论金钱与物质。"我们把目标放在不对的地方，这导致了对人生的幻灭。""我们国家进行着一种洗脑。……我们对自我灌输，也让别人对我们灌输……一般人都被这一切蒙蔽了，他们根本看不到什么才是真正重要的。""这些人都是渴望为人所爱，才拿这些东西作替代。他们拥抱物质，以为这样自己就获得拥抱。但这样做没有用。物质的东西永远无法取代爱，或是温柔，或是亲切，或是同胞手足之感。""金钱无法替代温柔，权力也无法替代温柔。我坐在这里，离死不远，可以坦白告诉你，当你最需要温柔的时候，不论你有多少的金钱和权力，都无法给你那种感觉。""去做出自你真心的事情。这样去做的话，你不会感到失落，不会感到嫉妒，不会羡慕别人拥有的东西；相反，你会觉得一切付出自有莫大回报。""身份地位不能带给你什么，唯有开阔的心，才能让你和所有的人自在相处。"

十一、论爱和婚姻。"我曾和那么多人有过深刻又亲近的交往。爱让你活在人间，就算死了也活着。""我决定墓碑上要写什么。'诲人不倦，至死方休'。""人们没有找到自己生命的意义，所以他们到处奔忙。""我替你们这一代的人感到可悲。在这个文化环境中，你们满心企望找到一个所爱的人，因为整个环境最欠缺的就是爱。但是如今的孩子可怜，他们不是太过自私，无法真正地爱人被爱，不然就是兴冲冲结了婚，六个月后就离婚。他们不知自己想从对方那里得到什么。他们不知道自己是谁——所以他们又怎么知道和自己结婚的是谁？""这很可悲。因为找到所爱的人至关重要。""我从婚姻中学到的是，你会受到考验。你会发现自己是谁，发现对方是谁，以及两个人如何相处。""我知道爱情和婚姻有几条不变法则：如果你不尊重对方，你会有很大的麻烦；如果你不懂如何折中，你会有很大的麻烦；如果你们之间不开诚布公，你会有很大的麻烦；而如果你们的生命没有相当的共同价值，你会有很大的麻烦。你们要有相近的价值观。""米奇，你晓得什么价值观最重要？（米奇问：什么？）相信婚姻的重要性。""就我个人而言，我觉得婚姻是很重大的事情，如果你不去尝试的话，会是莫大的损失。""不相爱，即如死灭。"

十二、创造自己的文化。"我说要建立自己的次文化，意思并不是要你对周遭的规定都置之不理。举例来说，我不会光着身子到处跑，我不会闯红灯。这些小事我可以遵守，但大的事情——我们怎么想，我们看重什么——这些你得要自己选择。你不能让任何人或任何社会，为你决定这些事情。……我们的文化要你这样想，但不要上当。""每个社会都有自己的问题。逃走不是办法，你得要努力创造自己的文化。""人类最大的弱点是短视近利。""我们的开始都一样——出生；我们的结尾都一样——死亡。""我活着是可以和其他人互动，这意味着我可以表现我的情感，我的感觉。""要有恻隐之心。彼此照顾扶持。只要我们学到这一点，世界就会变得美丽许多。"

十三、关于宽恕。"在你死前宽恕自己，然后宽恕别人。""心怀仇怨或顽固执拗，有什么好处呢？傲慢，虚荣……我们怎么能做出这些事情来？""我们要宽恕的不仅是别人，我们也要宽恕自己。宽恕自己没有去做的事，宽恕自己本应该去做的事。你不能因为什么事而终生抱憾。……要同自己和好，也和身边每一个人和好。""宽恕自己，宽恕别人，不要迁延。不是每个人都像我有这段时间，不是每个人都这么幸运。"

十四、"死亡是不会传染的。它和生命一样自然，它是我们的本然。""米奇，那是一种十分难以置信的感觉。感觉对当下发生的事坦然接受，完全心平气和。""那就是我们都在追寻的，对死亡感到平心静气。如果我们到最后知道，我们可以安然接纳死亡，那么我们就可以做到那件最大的难事……（米奇问：什么？）安然接受生命。""只要我们可以彼此相爱，并记得我们有过的爱的感觉，我们就虽死犹存。你所曾激起的爱意，都仍留存于世，所有的记忆都存在。你并没有死，你仍旧活在那些你曾经打动的人、曾经互相扶持的人们心中。""死亡结束的是生命，不是关系。""你不是一个波浪，你是海洋的一部分。"

我从中摘录了这些美丽的文字,这些由垂死老人说出的美丽的话。我整整写了一天,从早上到深夜。好多话让我吟味良久。我非常喜爱这些朴素而深刻的话。当我们想表达这些深刻的思想或者感悟的时候,我们往往很难做到朴实无华;而当我们试图用平实的语言来表达我们的内心世界的时候,我们又往往不能深刻,从而失之于肤浅。我摘录这些让我感动的话,是想在还掉书之后,仍可以不时看到这些隽语,听到智者的感悟。现在是夜里十点了,外面又下雨了。好像很大,雨点敲在玻璃窗上,丁丁地响。雨水从玻璃上慢慢地淌下来,一切归于夜的宁静。

二零零二年三月于明尼苏达大学

追随勇敢而卓绝的心灵

整整一百年前,在人类的艰辛步履刚刚踏进 20 世纪的时刻,罗曼·罗兰以郑重沉穆的笔调写道:"我们周围的空气有多沉重。老大的欧罗巴在重浊与腐败的气氛中昏迷不醒。鄙俗的物质主义镇压着思想,阻挠着政府与个人的行动。社会在乖巧卑下的自私自利中窒息已死。人类喘不过气来。——打开窗子罢!让自由的空气重新进来!呼吸一下英雄们的气息。"

整整一个世纪过去了。倘若罗曼·罗兰站在人类的高空俯瞰这百年的诡谲风云沧桑变迁,不知会生发出多少苍凉忧郁的感叹!在这百年中,充斥着光明与暗夜、良知与背叛、光荣与耻辱的殊死搏战，与人类已经过去的所有历史一样，我们不得不再次目睹人类的无数劫难，再次品尝人类自身被戕害、被剥夺、被扭曲、被侮辱的死亡的气息。所幸的是，在这样的暗夜之中，人类仰赖着那些顽强闪烁的数点寒星的锐利光亮，得以窥见自己微渺的希望，直至这些微渺的星火燃成燎原之势。正像斯蒂芬·茨威格在《人类的群星闪耀时》的序言中所说的："我之所以这样称呼这种时刻，是因为它们宛若星辰一般永远散射着光辉，普照着人类暂时的黑夜。"正是这些倔强的饱经磨难的寒星才使人类的良知还不致泯灭，才使得人类正义与自由的火焰越过漫漫长夜而不致窒息。

  诚实地说，当我在秋风萧瑟的黑夜默读开岭《追随勇敢的心》中的文字，内心之中不能不生出许多肃杀抑郁的感受，在那些凝重的人类生存主题和他所叙述的那些思想者的沉重命运的双重重压之下，这种艰涩的阅读本身永远不能说是愉悦的。开岭的文字，如同他所叙述的主人公一样，锐利，响亮，峻急，不苟且，不迂回，不隐匿，不造作，那种饱蘸着理性思考之庄严与对人类命运之诗情观照的笔墨，自有一种撼动心灵的力量，犹如你在混沌、慵懒与麻木的沉睡之中听到一声嘹亮的号声和刺耳的鞭声，憬然惊醒，肃然起立。

《追随勇敢的心》所采撷的，似乎都是思想者中的"另类"，但正是这些在自身命运、话语方式和思想倾向上都堪称特立独行不同凡响的"另类"，才使得人类精神的长空不至于沉寂与黯淡。正如开岭在本书前言中所说的："他们是不甘喑哑的'刺头'。他们是锐角，暗夜中最嘹亮和惊险的'锐角'。像矛刺，像号筒，像钢钉，像蒺藜，锋芒所向、剑气所指，无不是黑夜中最黑、最毒、最凶、最阴险的东西……"陀斯妥耶夫斯基、奥威尔、加缪、索尔仁尼琴、伯尔、昆德拉、爱伦堡、克里玛、茨威格……这个长长的名单中所揭示的，不仅仅是文学，是诗歌，是写作，是思想，也不是世俗所理解的任何光辉灿烂的成就；这里所暗示的，更在于一种知识者的良心，一种伟大而艰难的反思，一种卓绝的反抗勇气，一种朝圣者的虔诚姿态，以及对人类自由精神的拼死坚守。

人类已经跨进 21 世纪的门槛，在跨进门槛的瞬间，回首检点自己的脚印，也许是必要的吧。而所有的反思，都必须建立在这样一种理念之上：人类不应该再重复 20 世纪某些年代所上演的苦难与悲剧，不能再重复那些几乎置人类自身于死地的蒙昧、癫狂与集体非理性。但是反思又谈何容易！反思所需要的，不仅仅是清醒，正义感，还需要一种秉持异端坚守良知的勇气，需要一种不为潮流所动的叛逆精神。这种精神，并不是因孤僻个性而导致的"独持己见，一意孤行"，而是出于一种回应内心深处神圣召唤的沉痛的使命感，出于一种对人类自身尊严和自由的坚定信仰。

让我们一同追随这些勇敢而卓绝的心灵，带着沉痛而神圣的使命，在开岭文字的引导下走上这反思之旅吧。"我想寻找那些被大雪吞没的人的影子，他们冷得发抖的工作，那僵紫得说不出话的嘴唇，那快要被遗忘、被'人工'打扫干净的生命辙印……"这是作者殷切的愿望；但愿在这"寻找"的旅途里，他不会成为孤军，因为我相信，那些被勇敢心灵所温暖的所有心灵，最终将汇合在一起，使他们彼此不再感到发抖，直至将那些冰冻的大雪融化。

二零零二年十一月二日夜

生命的中和之美

儒家讲求"中和之美"与"中庸之道"。

"中庸"这两个字，在现代中国人的心目中，似乎并不是一个值得赞赏的词汇。现代中国人受到意识形态的影响，往往把"中庸"理解成为不偏不倚、不分是非、哼哼哈哈、含糊其词、立场不鲜明、和稀泥，一句话，"中庸"作为一个道德和修养范畴，完全被现代中国的政治语境给否定和抹杀了。一个本来具有深刻内涵的词汇，一个本来对一个民族的文化性格有重要塑造功能的词汇，就这样被居于这个文化的大众所误读和曲解，那么这个文化发生一些断裂和变异就不足为奇了。

"中"这个字,夸张一点说,可谓解读中国文化和中国人国民性格的一个密码。"中"代表着一种永远不走极端的思维方式,意味着一种不狂热不偏执不迂腐的生活智慧,正是这个"中",在久远的历史维度中引导中国人遵循着一种适度的原则,以一种从容中和的心态与步伐调整自己的生活秩序与治理秩序。

《中庸》第一章说:"天命之谓性,率性之谓道,修道之谓教。道也者,不可须臾离也,可离非道也。是故君子戒慎乎其所不睹,恐惧乎其所不闻。莫见乎隐,莫显乎微。故君子慎其独也。喜怒哀乐之未发,谓之中;发而皆中节,谓之和。中也者,天下之大本也;和也者,天下之达道也。致中和,天地位焉,万物育焉。"

在这部儒家经典中,"中和"的深意与重要性被完整地揭示出来。"中"是指人的喜怒哀乐等情绪还处于隐而不发的状态,此时人的心灵宁静淡泊,从容澄澈;但儒家并不是简单地要求人不可以有喜怒哀乐的情绪,不可以表现自己的内在情感,而是崇尚"发而皆中节",即每种情绪的表现和释放都必须合乎一定的"度",有节度,有控制,有分寸,一张一弛,皆有法度,而不是放纵自己的感情。这就是"和"的状态和境界。

生命的中和之美

因此，中国人讲求人性中的"中和之美"，在情绪不发的时候，淡定从容，一片天然，就像宋儒所说的"万物静观皆自得，四时佳兴与人同"的境界；而在释放情绪的时候，心中始终留有分寸，不张扬，不极端，不狂躁，不暴怒，不狂喜，不绝望，始终保持一种平衡冲和的心境，永远不淹没在一种极端的情绪中，也永远不随意放纵自己的情绪。如果社会中每一个人都达到这样一种心灵境界，则整个世界不就是一个"和谐社会"吗？所以说，"中和"是天下宇宙的"大本"，是世界之中最重要的"达道"。达到这种境界，则"天地位焉，万物育焉"，即天地的秩序才可以确定，世界才有一种从容的秩序感，整个宇宙才能和谐运转，万物才能蓬蓬勃勃地孕育与滋生。

"中和"是每一个人在道德修炼和性格养成方面应该达到的最佳境界。但是说句实话，这个境界太高，太难，并不容易达到！一个人能够在释放每一种情绪的时候都能够"中节"，有控制，有节度，实在太难了。在愉悦的时刻，有的人可能手舞足蹈，狂喜不已；在面临困境或遭遇悲剧的时候，我们又可能陷于绝望与过分的悲痛；在对他人不满或有怨恨的时候，我们往往难以控制自己的情绪，流于暴躁与极端的愤怒不能自拔；在自己的事业或生活顺遂发达的时候,我们又可能得意扬扬,志得意满,不可一世。我近来屡有发怒,每次发怒皆后悔不迭,内心经常深切反省。要达到儒家所标举的"中和"境界,谈何容易?

"中和"作为一种修养境界和道德境界,是一个人内心深处不断反省、不断返躬自责、不断警醒自励的成果。一个没有自我教育、自我反省、自我激励的习惯的人,是永远达不到这样的境界的。我在最近写的一篇小文章《制怒》中,就曾表达过控制自己的"怒"有多么难,要养成那种"人不知而不愠"的气定神闲的气度,实在需要很多的磨炼功夫。

而要养成"中和"的气度,还要"慎独",即在一个人独处的时刻,也要谨慎警醒,内心时刻保持一种清明的理性,而不是肆意放纵自己的情绪。孔子说:"君子中庸,小人反中庸,君子之中庸也,君子而时中;小人之中庸也,小人而无忌惮也。"无所忌惮,是一种不能自我约束、自我反省、自我监督、自我激励的表现。儒家讲"慎独",可以说触及人的道德修养的核心。"君子慎其独也"与"吾日三省吾身",构成了每个人自我修养的全部内容。苏格拉底说,没有反省的人生没有价值。这句话似乎与儒家有异曲同工之妙。

为学的三个境界

以前看过一幅漫画，画的是一个酷嗜读书的人在洗脚，可是他坐在椅子上，椅子的两条腿放在洗脚盆里，而他的双脚却在洗脚盆外。这个读书人已经乐在其中，神游太虚，全然忘记了世界的存在。这是多么幸福的境界！读书达到这样销魂与忘我境界的人，肯定是一个在其精神世界中极端快乐的人。

遍观不同的读书人，其境界有霄壤之别。当今中国，读书多半是为了很多切近的功利主义目的，中学生拼命读书是为考一所名牌大学，等到进了大学，学子们辛辛苦苦读书又多半为了获得一个学位，等到获得学位进入职业生涯之后，读书又大半为了职称评定和职位擢升。读书只是达到某个目的的一个中介，一个阶梯，越过这个门槛之后，所读的书当然可以弃置不顾。所以，尽管表面上看社会上读书风气很盛，却是汲汲于功利者居多，真正乐于求知者鲜见，实在是令人浩叹！

　　大约十几年前，在北大办公楼礼堂听季羡林先生讲座，先生笑谈北大与清华的故事。他发现一个现象，就是清华大学的图书馆在中午的时刻往往空空如也，学生们或者出去小做运动，或者回去小憩，而北大图书馆里却依旧人满为患，学子们埋头读书。听到此处，北大学生估计颇有自得之容。此时季羡林先生话锋一转，说道，你若仔细考察在图书馆里闷头苦读的北大同学，会发现大部分是在做托福题目！听罢季先生的话，估计在场的很多同学都有些汗颜。

　　读书有功利境界，有知识境界，也有快乐境界。最高层次的读书，应该是能够在读书中体会纯粹的快乐，感悟读书所带来的幸福与满足感。此时读书与任何功利主义目的无关，读书成为内心的渴求，成为单纯的快乐的源泉。正如尼采在他的一本书的书名中揭示的："快乐的知识！"一个没有在读书中体会到"快乐"的人，实在是辜负了"读书"这两个字。

《论语·雍也第六》中说:"知之者不如好之者,好之者不如乐之者。"这里面谈到"知之""好之""乐之"三个层级。《四书章句集注》中有这样的解释:"知之者,知有此道也;好之者,好而未得也;乐之者,有所得而乐之也。"其中又引张敬夫的注解:"知而不能好,则是知之未至也;好之而未及于乐,则是好之未至也,此古之学者,所以自强而不息者欤?"

"知之",是读书的第一个境界,这种境界表明读书者与求学者的欲求在于"知之",即知道事物中存在的"道",求得对于知识的了解。这是纯粹"为知识而读书"的阶段。这个阶段固然必要,但是读书的这个境界显然是不够的。知道一件事情,了解一个事物的本相,是求知的第一步,但仅仅作为一个"知道分子",停留在"知之"的阶段是不行的。

"好之"乃第二个境界,表明读书者和求学者已经不单单在寻求理解知识,而是把读书或求学作为一种"爱好"或"喜好",此时读书求学成为一个人的内在要求,读书者不是为了功名利禄升官发财等外在目的而读书,而是因为内在的兴趣和精神上的偏好而读书。

"乐之"乃读书求学者的最高境界。"乐之"不仅是《四书章句集注》中所说的"有所得而乐之也",而是读书者视读书求知为最大之幸福,陶醉于其中,日夜涵泳其中,时刻耽溺其中,"焚膏油以继晷,恒兀兀以穷年",乐在其中,乐而忘返。读书为学乃生平快乐之事,一个"乐"字,道尽读书之最终目的与最高层次。实际上,任何读书为学,其最根本的目的岂不就是获得这种终极的幸福感吗?与体验到"乐之"这种境界的读书人相比,那些为了学位、职称、地位而读书的人,实在是太值得同情。有些人恐怕一生都没有体会到读书为学的"乐之"的境界,只是觉得读书"辛苦",因此才编造出"悬梁刺股"这样荒谬的故事来,才能发明出"学海无涯苦作舟"这样可笑的励志格言来。想想看,用锥子扎得自己流血才能读书,这个书读得岂不太痛苦太勉强了点?

《朱子近思录·卷之二》:"伊川先生曰:知之必好之,好之必求之,求之必得之。古人此个学是终身事。果能颠沛造次必于是,岂有不得之理?"这里面说出终身学习的奥妙所在。如果每个读书人都能"颠沛造次必于是",将读书为学作为最大的快乐和幸福,作为内心一种强烈的内在冲动,而不是在任何外在诱惑或压力下读书,那么我们必将有所"真得"。

明代泰州学派创始人、王阳明的弟子王艮曾作了一首《乐学歌》，把"学"与"乐"的关系说得很透彻，抄下来与各位分享：

> 人心本自乐，自将私欲缚。
> 私欲一萌时，良知还自觉。
> 一觉便消除，人心依旧乐。
> 乐是乐此学，学是学此乐。
> 不乐不是学，不学不是乐。
> 乐便然后学，学便然后乐。
> 乐是学，学是乐，
> 于乎天下之乐，何如此学，
> 天下之学，何如此乐。

写到此处，谈点似乎是题外的话。"知之者不如好之者，好之者不如乐之者"中最要紧的是这个"乐"字。"乐"字在《论语》里面占有重要的地位，从《论语·学而第一》的首段开始，"乐"字频频出现于这部影响中国人两千年的经典中，不能不引起重视。从"学而时习之，不亦悦乎？有朋自远方来，不亦乐乎"，到"饭疏食饮水，曲肱而枕之，乐亦在其中";从"一箪食,一瓢饮,在陋巷,人不堪其忧,回也不改其乐";到"知者乐水,仁者乐山,知者动,仁者静,知者乐,仁者寿",随处可见"乐"字。有人做过一个有趣的统计,不知道是否准确,《论语》通篇有64个"乐"字,25个"学"字,而无一个"苦"字。李泽厚在他的《论语今读》中曾说,西方文化是"罪感文化",日本文化是"耻感文化",而中国文化是"乐感文化",认为以"乐感文化"为核心的实用理性是华夏精神的核心。这个观点是否精当此处不论,但是"乐"作为一个伦理范畴在《论语》中占有重要地位是无疑的。

回归简朴生活

一个富人正在沙滩上享受大海的美景、晴朗的天空和温暖的阳光。此时,他身边躺着一个一文不名的年轻流浪汉。富人对这个年轻的流浪汉说:"年轻人,你要到外面的世界去奋斗啊。"年轻的流浪汉问:"我为什么要去努力奋斗呢?"富人说:"努力奋斗才能获得更多的财富啊。"年轻的流浪汉又问:"获得更多的财富又是为什么呢?"富人说:"获得更多的财富你才能到海边度假,享受这里的海滩和阳光啊。"年轻人反问道:"那么,您认为我现在正在做什么呢?"富人无言。

确实,财富并不是通往幸福的必然道路。现代人被物质所压迫,孜孜以求,穷年外逐,追逐的不外是更多的财富和更高的地位,结果是生活愈加变得琐碎、烦冗、疲于奔命、毫无色彩,而不是更加单纯、从容、富于朝气和活力。现代人在物质的重压和驱使下不再关注内心的生活,不再以精神的饱足为生命目标,而是一味纠缠在尘俗的追逐中,忘记拷问自己一些更根本的问题:我快乐吗?这样的生活有意义吗?我得到了什么,又丢失了什么?

一种简朴的快乐已经远离我们很久了。也许我们不需要那么多的财富,就可以享受那种单纯的快乐,就可以在月光下快乐地散步,在蜗庐内开心地饮茶谈天;也许我们不需要那些匆忙的暗无天日的工作,就可以同样享受金黄的田野所洋溢出来的庄稼的芬芳,欣赏夜晚四周的蛙声和早晨窗外美妙的鸟鸣;也许我们只需要放弃一点自己的欲望,就可以换来一种完全不同的从容澄澈的心境,留点空间给自己在大地上畅然旅行,与二三素友在简单的房子里围炉闲话,跟自己的家人享受平平常常的天伦之乐。

《论语·述而第七》中说:

> 饭疏食饮水,曲肱而枕之,乐亦在其中矣。
> 不义而富且贵,于我如浮云。

吃着简单的饭食，休憩时枕着胳膊从容地安睡，这种简单的快乐就是这样自自然然地存在于简朴的生活中，对于那些不符合道义的富贵功名、身外羁绊，只当是飘浮的白云不必在意！这是两千年前先贤的内心体验。在这里，孔子提倡一种简朴的自然的生活，一种舒卷自如的人生态度，一种从容不迫的内心状态，而不是简单地反对一切追求富贵的行为。有一次，孔子说："富而可求也，虽执鞭之士，吾亦为之。如不可求，从吾所好。"（《论语·述而第七》）可见，孔子并不是简单地一味否定追求物质的行为，而是倡导一种不为物质所羁绊所束缚而获得心灵解脱与自由的生活姿态。

孔子也曾经大大赞赏他的得意弟子颜回：

> 贤哉，回也！一箪食，一瓢饮，在陋巷，人不堪其忧，回也不改其乐。贤哉，回也！（《论语·雍也第六》）

在孔子的心目中，颜回的人格境界在所有弟子里是最高的。这个追求精神世界享受的人，虽然箪食瓢饮，居住在简陋的街巷之中，并无豪华房屋和珍馐美食可以享用，换上别人，实在是不堪其忧，可是他还是那样从容淡定，不改其乐！

有些人可能要批评孔子，难道你是赞赏那种贫穷吗？希望自己的弟子过着箪食瓢饮的生活，而自己却"食不厌精脍不厌细"，岂不可笑？实际上，这个疑问，千百年来已经不绝于缕。朱熹就曾经记载了一段有趣的师生问答：

问："颜子'不改其乐'，莫是乐个贫否？"
答："颜子私欲克尽，故乐，却不是专乐个贫。"
（《朱子语类·卷三十一》）

在这里，朱熹解释得很明白，孔子盛赞颜回"不改其乐"，不是盛赞颜回"单单乐于贫困"，而是因为颜回对物质的享受淡然处之，从不放纵自己的欲望。他注重精神层面的快乐，所以才"不改其乐"，而不是专以贫困为乐。朱子在《四书章句集注》中也做了同样的解释："颜子之贫如此，而处之泰然，不以害其乐，故夫子再言'贤哉，回也'以深叹美之。"对简朴的生活处之泰然，不因为生活简朴就丧失自己从容与淡定的心境，故孔子一再赞叹称美颜回的人格。

程子也表达了同样的意思:

> "颜子之乐,非乐箪瓢陋巷也,不以贫窭累其心而改其所乐也,故夫子称其贤。""箪瓢陋巷非可乐,盖自有其乐尔。其字当玩味,自有深意。"(《四书章句集注》)

也就是说,颜回的快乐之处,不在箪瓢陋巷,而在于不因为生活的清贫而改其所乐。能够超越物质的捆绑,仍然对生活保持一种欣赏享用的心境,并不是容易的事,唯其不易,才值得孔子这样深深叹美。

对于现代人而言,这些警句实在值得深味涵泳并加以实践。我们往往被外物诱惑和压迫,忧虑自己没有华屋,没有豪车,没有擢升机会,没有获得比别人更多的财富和更高的地位。我们忧虑越多,生活就变得越紧张,越局促,越苍白,而同时我们的幸福感就越少,如此恶性循环,终其一生。耶稣曾经这样训诲他的门徒:

> 所以我告诉你们:不要为生命忧虑吃什么,喝什么,为身体忧虑穿什么。生命不胜于饮食吗?

身体不胜于衣裳吗?你们看那天上的飞鸟,也不种,也不收,也不积蓄在仓里,天父尚且养活它。你们不比飞鸟贵重得多吗?你们哪一个能用思虑使寿数多加一刻呢?何必为衣裳忧虑呢?你想:野地里的百合花怎么长起来;它也不劳苦,也不纺线;然而我告诉你们:就是所罗门极荣华的时候,他所穿戴的还不如这花一朵呢!(《新约·马太福音》)

耶稣教诲他的门徒勿虑衣食,而关注自己心灵的饱足与超越,简朴的生活,是更接近智慧、更接近幸福、更接近安宁的生活。美国的特立独行的梭罗,在160多年前,超越尘俗,手持一把斧头,在瓦尔登湖边建屋耕种,开始了自己简朴而自由的生活。他对物质的要求少到最低限度,而精神上的丰盈却无人能比。他说:

> 最明智的人生活得甚至比穷人更加简单和朴素……要按照智慧的指示,过着一种简单、独立、大度、信任的生活。(梭罗《瓦尔登湖·经济篇》)

而在整整1600年前的东晋时期,一个诗人抛弃了他所厌倦的官职,重新回到大自然的怀抱之中,在这里,他写下了一些至今读来还令人神清气爽的优美诗篇:

少无适俗韵,性本爱丘山。
误落尘网中,一去三十年。
羁鸟恋旧林,池鱼思故渊。
开荒南野际,守拙归园田。
方宅十余亩,草屋八九间。
榆柳荫后檐,桃李罗堂前。
暧暧远人村,依依墟里烟。
狗吠深巷中,鸡鸣桑树巅。
户庭无尘杂,虚室有余闲。
久在樊笼里,复得返自然。

(陶渊明《归园田居五首之一》)

春秋多佳日,登高赋新诗。
过门更相呼,有酒斟酌之。
农务各自归,闲暇辄相思。
相思则披衣,言笑无厌时。

此理将不胜？无为忽去兹。

衣食当须纪，力耕不吾欺。

　　（陶渊明《移居二首之二》）

涵养须用敬

中国自先秦衍变而来的思想体系与西方自古希腊衍变而来的体系大不相同。西方思想体系注重纯粹知识的探求,注重形而上的思考;而中国的思想体系特重伦理,强调德性修养和人群伦理关系,而道德的提升与人际伦理的修炼成为一切知识的最终归宿。虽然古希腊也有很多哲学家提倡"德性是所有知识的目的",但是这种传统在西方毕竟不是主流。没有人像中国人这样,如此地注重知识的道德性质,把个人的道德修养提高到如此重要的地位。

在中国人看来,尤其是由儒家观点看来,有知识的人必须是一个道德高尚的人,必须是一个在内心的修养方面达到一定境界的人。在儒家的传统观念里,一个拥有知识但道德修养没有什么境界的人,是不配叫作"读书人"的。这个观念非常顽固,即使在西方科学观念普遍流行的今天,中国人还是坚守这个观念,即内心的道德修养乃知识的目的和归宿。这个观念有利有弊,不能笼统而论。

钱穆先生曾经说中国的教育体系有三统:即事统、学统和人统。所谓事统,是指教育的目的是教人做事;所谓学统,是指教育的目的纯粹授人以学问,以知识;而中国的学问传统最重人统,即"学者,所以学做人也",一切学问,其用意在于学如何做一个有理想有价值之人。而人统的核心,是个人的品质涵养与内心的道德修炼。

谈到个人的品质涵养和内心的道德修炼,不能不提到一个重要的字:"敬"。《朱子近思录·卷之二》中说:"涵养须用敬,进学则在致知。"也就是说,个人的人格与品质的涵养,其核心在于"用敬",而学问进步的最终目的,在于获得全面的知识。什么是"敬",为什么"敬"在传统中国学问体系和读书人身心涵养中如此重要?

"敬"在《论语》中频繁出现,重要者大约有十几处。我发现,这十几处中所指向的内涵,并不完全是一个层次。在孟子的思想中,"敬"也是一个重要的范畴;到了宋儒那里,"敬"更是成为一个核心的理念。从一般的意义上来说,"敬"是一种肃穆、谨慎、恭敬、诚笃、敬畏的精神状态;"敬"既可以表示一个人内心的警醒与恭谨,静穆与敬畏,也可以表示一个人在与他人相处时所秉持的一种尊重、恭顺、敬爱的心态。我体会,"敬"作为儒家思想一个重要的范畴,至少有以下四个方面的内涵,这些方面基本上涵盖了儒家对于一个人的修养的全部内容。

第一个层次是为学与行为修养的层次(敬心)。比如"修己以敬"(《论语·宪问第十四》),意谓修养自己,保持严肃恭敬的态度;再如"君子敬而无失,与人恭而有礼,四海之内皆兄弟也"(《论语·颜渊第十二》),意谓君子认真谨慎没有过失,对人恭敬而有礼貌,则天下人都是兄弟;还有"言忠信,行笃敬,虽蛮貊之邦行矣;言不忠信,行不笃敬,虽州里行乎哉?"(《论语·卫灵公第十五》)意谓说话忠诚守信,行为敦厚恭敬,即使在蛮貊地区,也行得通。说话不忠信,行为不笃敬,即使在本乡州里,能行得通吗?

在这些地方,孔子所说的"敬",是指一个人修养上的恭谨和敬肃,只有秉持这样的心态,一个人才能养成好的品质,才能没有过失。到了宋儒那里,"敬"成了为学的基础。明道(程颢)先生说:"某写字时甚敬,非是要字好,只此是学。"(《朱子近思录·卷之四》)写字的时候要"敬",裁纸、洗砚、研墨、挥毫,一切动作,都在一种内心静穆、庄严的状态下进行,这才是写字之"道"。如果一个锤炼"书道"的人没有这样敬肃、庄严的心态,那么他怎么能领悟"书道"的妙处?古人在做一件极郑重的事之前,必要斋戒、沐浴,为的也是这个"敬"。

在内心修养和为学中,只有"敬"才能达到一种静穆的状态,如此学问才能"精进"。伊川(程颐)先生说:"入道莫如敬。未有能致知而不在敬者。"(《朱子近思录·卷之四》)又说"敬则自虚静"(《朱子近思录·卷之四》),有了这种"虚静"的内心体验,才能以一种肃穆庄严的情绪为学读书。程颐在论述求学的过程时说:"学者须敬守此心,不可急迫,当栽培深厚,涵泳于其间,然后可以自得。但急迫求之,只是私己,终不足以达道。"(《朱子近思录·卷之四》)也就是说,只有"敬心",才能以一种悠然恒远而不是急躁的心情去求学,才能日夜涵泳于学问,如此才能"栽培深厚"。宋儒常说"主敬",朱子说:"求仁只是'主敬','求放心',若能如此,道理便在这里。"(《朱子近思录》)伊川先生(程颐)在《明道先生行状》中也赞誉程颢先生说:"内主于敬。"可见到宋儒那里,"主敬"已然是修身的第一要务。

第二个层次是内心的层次（敬畏）。学术界有一种意见是，以孔子儒家学说为代表的中国传统精神偏于"实用理性"，对于超越尘世的信仰世界没有兴趣。这种说法有一定道理，因为孔子就说过"敬鬼神而远之"（《论语·雍也第六》）的话。但是以往的评论者似乎忽视了这个"敬"字。实际上，儒家对超越性的"神"或"上帝"，仍然存在着一种内心的庄严的"敬畏"，而不是完全忽略其存在，更不是蔑视其存在。"敬鬼神而远之"的真实含义是，对超越性的神灵保持一种敬畏的心理，但绝不沉迷于对神灵的依赖中。孔子也说过这样的话："君子有三畏：畏天命，畏大人，畏圣人之言"（《论语·季氏第十六》），这种对超越性的神灵的敬畏，一直贯穿在整部《论语》中。

明道先生说："'思无邪''毋不敬'，只此二句，循而行之，安得有差？有差者，皆由不敬不正也。"（《朱子近思录·卷之四》）又说："'毋不敬'，可以对越上帝。"（《朱子近思录·卷之四》）在宋儒的心目中，思想纯正无邪，内心充满敬畏，就可以面对上帝。因此，尽管说以儒家为代表的中国传统思想并不特别注重超越性的信仰，而是注重人伦教化与内心修养，但是在面对超越性的神灵的时刻，儒家仍然秉持着内心的敬畏。而这种敬畏，恰恰是东方与西方可共通之处。

第三个层次是人际的层次（敬人）。儒家伦理中特重人与人之间的尊重与敬爱。孔子对晏子这个人的人际交往境界很是赞赏，他赞叹说："晏平仲善与人交，久而敬之。"（《论语·公冶长第五》）意谓晏平仲善于与人交往，相处愈久，别人越尊敬他。"敬"是人与人之间保持和谐关系的要诀，这里面包括朋友关系、夫妻关系、父母与子女的关系以及与普通人之间的关系，都离不开一个"敬"字。古人说"相敬如宾"，可以说点出了维持稳定婚姻的秘诀。在谈到与父母的关系时，孔子也强调"敬"："子游问孝，子曰：今之孝者，是谓能养。至于犬马，皆能有养。不敬，何以别乎？"（《论语·为政第二》）意谓有人说孝就是养活父母，连犬马都能有所养，如果没有敬，人跟犬马有什么区别？孔子特别讨厌那些在祭祀时装出严肃的样子而内心一点"敬"意也没有的人，就像耶稣讨厌那些内心没有上帝但故作虔诚的法利赛人一样。

孟子曰："君子所以异于人者，以其存心也。君子以仁存心，以礼存心。仁者爱人，有礼者敬人。爱人者，人恒爱之；敬人者，人恒敬之。"（《孟子·离娄下》）如果一个人能够以

"爱人"和"敬人"之心面对自己周围的人，那么他必然会换来他人的敬爱。这是人际关系的一个基本原则，在这里，中国文化中的"推己及人"的传统得到了体现。

第四个层次是做事的层次（敬事）。敬事，广而言之，就是对自己所从事的事业的一种虔敬感和使命感，这里面既有表面的认真敬业之意，也有更高意义上的内心的虔诚与肃穆之感。孔子在《论语》中多次谈到"敬事"，而且把"敬事"与治国之道联系起来。有一次樊迟向孔子请教什么是"仁"，孔子说："居处恭，执事敬，与人忠。虽之夷狄，不可弃也。"（《论语·子路第十三》）意谓在家能恭敬规矩，办事能认真谨慎，对人能忠实诚恳，即使到了夷狄，也是不可放弃的。孔子又说："道千乘之国，敬事而信，节用而爱人，使民以时。"（《论语·学而第一》）意谓治理国家，应严肃慎重，专心认真办理国家政事，又严守信用。孔子还谈到"九思"："君子有九思：视思明，听思聪，色思温，貌思恭，言思忠，事思敬，疑思问，忿思难，见得思义。"（《论语·季氏第十六》）

儒家讲"诚意、正心、修身、齐家、治国、平天下"，其实所有这些君子之行，其根基全在一个"敬"字。"敬"意味着对超越性的神明心存敬畏，对自我人生的一种虔敬与肃穆感，对周围的人充满敬爱与尊重，对自己所从事的事业应有发自内心的庄严感和使命感。做到敬事、敬人、敬心，一个人才可以做到安身立命。

后记

《拾尘》第三版订毕,与第二版相比有很大变化。本书共收三十三篇文章,皆为有关生命感悟的内容。第二版中原有的第二辑《倾听北大的心脏:北大人心灵探寻》和第三辑《湖光塔影间的思想羽毛:燕园随想》,则从第三版中移除,经扩充而单独成为两本小册子,即"燕园四记"中的《燕园读人》和《燕园困学》。此次第三版修订时,第二版的近百张插图也一并删去,可使小书更加素淡清爽。

二零一二年底,我与诗人兼出版家陈子寒先生曾商议出《拾尘》第三版的事情,他是第一版和第二版的助产士,我永远感激他所给予我的宝贵鼓励和指引。北京大学出版社和北大培文教育文化产业有限公司高秀芹博士、周彬老师、于铁红老师对本书第三版的面世付出了巨大的心血，在此深表谢意。我还要感谢十五年来这本小书的读者们，是你们的关注伴随着《拾尘》十几年一路走来，赋予《拾尘》以新的生命。

王曙光

二零一六年二月二日

附1：

第一版后记

今夜是本世纪最后一个夜晚。当我在灯下为这本小书写最后的文字的时候，偶尔地，会抬起头来凝望窗外许多闪烁的灯火，此时夜色深沉，这些灯光显得如此宁静、温暖和安详。我的内心掠过许多怀想，也充满着许多对于生命的祝福、感激与渴望。

对于我而言，写作是一种生存方式，也是一种内心独白的方式。我现在回忆起十八岁整理第一本集子《华春集》的情景。那时我在假期将自己中学时期涂抹的诗文工工整整地誊写下来，编纂了目录并郑重其事地写了自序，姐姐则不辞辛苦地为弟弟的"自选集"配了精美的插图。我怀念那种郑重、清醇而诚挚的情感！此后十余年中，这种心灵上的"独白"一直没有中断过,在我读书期间,又陆续有《春之声》《雪之融》《未名之秋》《永远的行旅》《夏天的牧者》《梦想敦煌路八千》《燕尘集》等集子整理出来。我珍爱这些幼稚清浅的文字,犹如珍爱自己少年的时光,因为正是这些文字,涂成我生命的底色。尽管这些文字可能永远不会公之于众,可是它们却奠定了我写作的基调:郑重,虔敬,真实,关注心灵,观照人生。

这本小书的大部分文章取自我近年来的散文随笔、访谈札记以及书信。这是一本关于成长的记录,是我进入北大这座学府之后十多年以来的心灵记录。与带有自传性质的书不同的是,这里没有引人入胜的故事,我在这本书里面,力图减少甚至完全避免进行纯粹"自我叙述"式的描写。这可能使一些想读到"完整的故事"的朋友感到遗憾。在我看来,具体的有关个人身世的故事是无关紧要的。我没有特别的故事、逸事或者秘事可资披露,我感到更重要的,是对生命的感悟,这些感悟虽然来源于真实的生活,但却超脱于琐细的事实之上。

我想谈一些关于书中所收文章的情况(按:指第一版)。本书第一辑中的文章,在一九九八至二零零零年间陆续写成,而后从二零零零年春天开始,在《北大校刊》上以专栏《燕园拾尘录》的形式连载。我渴望以自己对于成长和生命的感悟与更年轻的朋友们分享。这些小文引起的热烈反响成为我编辑这本书的最初动因。第二辑中有关北大人的访谈除海子和戈麦两篇,大部分曾经收于《如歌岁月》(北大版,一九九八年)、《五人丛书》(北大版,一九九三年)和《北大校刊》。这些北大人中,有皓首穷经、在学术界享有崇高声望的大师级人物,也有在"文革"之后走进北大、学术上声誉日隆的中年学者,更有曾经震动诗坛却英年早逝的北大杰出诗人。从他们身上,我们可以看到北大人的学术品格和人格操守,体味北大作为一个百年学府的特殊的精神魅力,也正是经由这些人,我触摸到北大真实的内心世界。第三辑和第四辑中的随笔大部分未曾发表,除关于敦煌与西藏的两篇游记之外,其余篇幅都比较短小,也许更易于显示一些个人化的感受。在此应该指出的是,本书中有些篇章是由通信改写而成的,在此我向这些心灵上的亲密朋友致以谢意。我从他们那里获得许多温暖、鼓舞和对这个世界的感悟。

　　写到这里,已经是二零零一年一月一日的凌晨时分。我以这样的宁静的方式迎来了新世纪的第一个黎明。我相信此夜会有无数同我一样不眠的心灵,彻夜守护这个黎明,为这个黎明献出发自内心的祝祷。

这本小书是献给这个黎明的礼物。在此,我深深地感谢我的家人,感谢为这本小书付出心血的所有师长和朋友。真挚地祝福你们。

王曙光

二零零一年一月一日

附2：

第二版后记

《燕园拾尘》在二十一世纪的第一个春天付梓，而今近五年过去，坊间已经不易再搜寻到这本小书的身影。今年春天，作为《拾尘》的助产士的子寒兄，鼓励我将这本朴素单薄的小册子修订重版。我自然珍惜这个宝贵的机会。所以在这个令人难耐的酷暑之中，我几乎隐居似的待在畅春园的蜗庐之中，用了将近半月时间将第一版逐字校勘一过。一面修订旧作，一面好像在阅读以往的时光，个中感触，不足为外人道也。

借着再版的机会，我将《拾尘》的篇目作了一些变动。首先是删掉了与本书的"成长"主旨不太相干的十二篇小文，这些文字大多写于大学时代，颇多风花雪月之感，如今我实在不忍劳驾读者再看这些幼稚清浅的文字。在第二版中，增加了若干篇近几年写的文章，计有《在自己的精神领地里作酋长——王开岭〈精神自治〉读后》《回望苍茫人生——记北京大学著名经济学家陈振汉先生》《为了成长着的心灵——我与〈北大校刊〉》《暌违十载梦依稀——毕业十周年感怀》《教然后知困——教学随感》以及《我欲因之梦寥廓——草原散记》等六篇。同时，在第二版的附录之中，选了我所尊敬的师长和朋友对《拾尘》的五篇评论与书信。这样变动之后，原来第一版中的四辑内容就合并为三辑，这样阅读起来也许主题稍集中些，不像初版那样散漫芜杂。

《拾尘》是对生命的感恩和怀念。我期待着藉着这册小书，将这种心怀传达给所有敬畏生命的同道者。

王曙光

二零零五年八月十日